对话中国

对话中国

DIALOGUES ON CHINA

《对话中国》编写组　著

中国人民大学出版社
·北京·

| 目　录 |

◎李君如与罗伯特·劳伦斯·库恩

读懂中国，关键是读懂中国共产党

李君如

研究员，博士生导师，享受国务院政府特殊津贴。中共中央党校原副校长，第十届全国政协委员，第十一届全国政协常委。中央马克思主义理论研究和建设工程咨询委员，兼任中国人权研究会副会长。曾任上海社会科学院院长助理、毛泽东思想研究中心主任、邓小平理论研究中心主任，中共中央宣传部理论局副局长，中共中央党史研究室副主任。主持编写了《邓小平同志建设有中国特色社会主义理论学习纲要》和《建设有中国特色社会主义若干理论问题学习纲要》。出版 18 卷《李君如著作集》，发表数百篇论文，多部著作和多篇论文获国家级奖项。

罗伯特·劳伦斯·库恩（Robert Lawrence Kuhn）

博士，国际公司战略家和投资银行家，库恩基金会主席。在 BBC、CNN、CCTV 等多个媒体担任评论员，《中国日报》和《南华早报》的专栏作家，中国国际电视台《走近中国》栏目的联合创始人、撰稿人和主持人。出版了 30 多本关于中国、企业战略、金融、科学和哲学等方面的著作，其中包括《中国领导人是如何思考的》和中国 2005 年的畅销书《他改变了中国：江泽民传》。曾获“中国改革友谊奖章”。

尽管我和库恩相识多年，但读者面前的这篇对话，是我们第一次合作完成的一个作品。

罗伯特·劳伦斯·库恩博士来自美国，经历十分丰富，1989 年以来致力于研究中国，足迹踏遍了中国 20 多个省份的 40 多个城市，发表了《他改变了中国：江泽民传》《走近真实》等力作，向国际社会介绍一个真实的中国。2018 年 12 月 18 日，在庆祝改革开放 40 周年大会上，他被中共中央、国务院授予“中国改革友谊奖章”。库恩在了解中国、介绍中国的过程中，多次采访过我。我本人担任过中共中央党校副校长，长期从事中国共产党的思想理论特别是马克思主义中国化思想史的研究工作，出版过《毛泽东与近代中国》、《毛泽东与当代中国》、《毛泽东与毛泽东后的当代中国》(以上三部被称为“毛泽东研究三部曲”)、《时代大潮和中国共产党》、《民族复兴和中国共产党》等著作，也多次到亚洲、欧洲、美洲的许多国家参加研讨会或对话，向世界介绍中国。我们两人年龄相近、兴趣相仿，尽管来自不同国度，但很谈得来，讨论过中国和中国共产党许多值得深思的问题。这次，为庆祝中华人民共和国成立70周年，应中国人民大学出版社之邀，我们两人又一次坐到一起，讨论双方共同关心的问题。中国人民大学出版社原来希望我们谈论的题目是“中国的发展和中国共产党”，我们经过认真讨论，感到现在国际社会最关心的问题还是中国共产党。于是，就把讨论的话题改为现在的题目——读懂中国，关键是读懂中国共产党。以下为对话全文。

李君如：世界上，各种各样政党，兴衰成败，不胜枚举，但像中国共产党已近百岁依然那么充满朝气和活力，实在罕见；像中国共产党经过70年奋斗就把一个“一穷二白”的十几亿人口的大国建设成世界第二大经济体，更是独一无二。中国这块土地上发生的历史性巨变，都是中国共产党领导的革命、建设和改革带来的。因此，要读懂中国的变化，关键是要读懂中国共产党。

之所以提出对中国共产党也要“读懂”，还因为这个党不仅和世界上的资产阶级政党不同，而且和世界上其他国家的共产党也不完全相同。

一是自我认知不同。世界上的共产党，都强调自己是工人阶级的政党。中国共产党强调自己不仅是中国工人阶级的先锋队，同时是中国人民和中华民族的先锋队。这是因为，中国共产党是在中华民族救亡图存的时代大潮和历史背景下诞生的，是为民族解放和民族振兴而奋斗的先锋队；中国共产党人既是共产主义者，又是爱国主义者，是共产主义和爱国主义融为一体的有理想的革命者。

二是自我意识不同。中国共产党在把马克思主义作为自己根本指导思想的同时，十分强调马克思主义要和中国实际相结合，不断推进马克思主义中国化。这里所说的“马克思主义中国化”，是毛泽东在 1938 年党的六届六中全会（扩大）上正式向全党提出来的思想理论建设任务，在历史上曾经遭到苏联共产党的批判。但是，正是由于具有这样的自我意识，中国共产党才能够坚持马克思主义而不拘泥于老祖宗的教条，能够反思和总结社会主义实践的经验教训而不固守已经被实践证明是错了的发展模式，能够提出“走自己的道路，建设有中国特色的社会主义”而又坚决拒绝走资本主义或民主社会主义道路，能够在经济体制改革中用社会主义市场经济取代传统的计划经济而又坚决拒绝新自由主义那一套，能够在对外开放中全面参与经济全球化而又坚持独立自主的方针，创造出了中国跨越式发展、和平崛起的奇迹。

三是自我要求不同。中国共产党是一个严以律己的党，既为人民坚持真理，又为人民修正错误。70 年前，毛泽东在党中央离开西柏坡这“最后一个农村指挥所”，准备进入北京城的时候，曾经提出了“进京赶考”的问题，强调党执政后“决不能当李自成”。李自成是一个农民领袖，他领导的农民起义军进入北京城推翻明朝统治后，由于自身的腐败很快丢失了政权。毛泽东以李自成的教训为鉴戒，告诉大家中国共产党夺取全国政权，是去参加一场特殊的“考试”，不能因胜利而腐化。党的十八大以来，党中央做出了“全面从严治党”的战略部署，采取有力举措打击腐败。因此，中国共产党在经过艰苦卓绝的斗争建立了人民当家作主的新中国后，既没有躺在功劳簿上自我陶醉或固步自封，也没有背离中华民族和中国人民走向历史的反面，而是继续推进社会主义革命和建设，继续推进严以律己的自我革命。

库恩：中国正处于一个多维的十字路口，中国的选择会影响整个世界，把握中国现状、预见中国未来的唯一方法就是弄清楚中国共产党是什么样的党、是如何运行的。

中国共产党自 1949 年开始执政，如今已有 9 000 多万党员，但为何中国共产党对外界来说如此神秘？也许是因为人们记忆中垮台的苏联共产党的神秘和僵化，也许是因为“文化大革命”期间中国的狂热和混乱，两者都给人们对当今中国共产党的理解蒙上了阴霾。但不论是什么原因，神秘的面纱终将被揭去。

有两个无可争议的事实有力地驳斥了对中国共产党的批评：一是中国共产党带领中国进行了历史性的可持续发展，使数亿人脱贫，使中华民族走向复兴；二是经过 70 年发展，中国共产党仍然是中国无可争议的执政党。

如果世界不了解中国共产党，中国共产党应主动走向世界，揭去神秘的面纱。那么，中国共产党应如何讲述自己的故事，传播自己的声音呢？这是一个评价中国共产党的八维框架：（1）意识形态及其变化；（2）历史及变迁；（3）领导和精英政治；（4）结构和组织；（5）党员的发展和培训；（6）纪律、腐败与反腐败斗争；（7）当前挑战；（8）发展前景。

如果让我选择三个最关键的问题，我会选择下列问题：

第一，中国为什么没有选择多党制？中国共产党凭什么能够永久执政？

第二，中国共产党的结构、组织、人员、培训和治理为何能使其长期执政？中国共产党为何能给中国带来翻天覆地的发展？

第三，在日益复杂的国内外局势下，中国共产党面临哪些挑战？

习主席号召中国加强国际交流——“讲好中国故事，传播好中国声音”。随着经济全球化和信息化的发展，有效的国际交流对中国来说更加不可或缺，对中国共产党来说更是如此。

有效的国际交流首先要对外国人提出的所有与中国共产党有关的尖锐、直率的问题进行本土化理解（即便某些问题会引起不适），然后要直接清楚地回答这些问题。因此，有效的国际交流既需要坚实的事实基础，也需要吸引人的风格。坚实的事实基础是指中国共产党如何领导中国在国家发展和现代化上取得了举世瞩目的成就，中国共产党如何适应变化的局势与时俱进，中国共产党如何面向未来，尤其是如何面对挑战，这是通过经济转型和社会满意度进行评价的。吸引人的风格指中国共产党如何有效地讲好自己的故事，这需要从透明度、坦率、技巧、自信和智慧等角度衡量。

一、中国为什么没有实行多党制的政治体制？

库恩：世界各个国家对中国全面了解的人并不很多，就是了解中国的人也不完全理解中国的政党制度，不理解中国为什么没有选择多党制。我们能不能先讨论一下中国的政党制度？

李君如：好的。我想，在讨论这个问题之前，先要说明一下：中国的政党制度，既不是多党制或两党制，也不是一党制。中国实行的是“一党领导、多党合作”的政党制度。“一党”指的是中国共产党，“多党”指的是中国的八个民主党派。

库恩：是的。我知道，在中国除了中国共产党，还有八个民主党派。它们是中国国民党革命委员会、中国民主同盟、中国民主建国会、中国民主促进会、中国农工民主党、中国致公党、九三学社、台湾民主自治同盟。有些民主党派的领导人，我采访过。中国的政党制度确实是世界上独一无二的“一党领导、多党合作”“一党执政、多党参政”的新型政党制度。

李君如：这个政党制度的最大特点，是各个政党都接受中国共产党的领导。中国共产党对中国的领导，不是自封的，而是中国人民在对各个政党进行比较后对中国共产党的肯定和选择。中国近代史，始于 1840 年鸦片战争，终于 1949 年中华人民共和国成立。这是一部民族救亡抗争史和人民浴血奋斗史，也是一部中国各个阶级、各个政党轮番登上历史舞台而中国共产党脱颖而出的历史。1921 年中国共产党成立后，中国共产党和另一个大党中国国民党经历了合作、破裂、斗争，再合作、再破裂、再斗争。每次合作都是共产党主动握手，每次破裂都是国民党首先出手。直至最后国民党失去民心被赶下历史舞台，共产党获得人民拥护夺取全国政权。中国共产党之所以能够在曲折的发展道路上由小到大、由弱到强，最后夺取全国政权，成为全国各族人民的领导核心，归根到底，是由中国共产党以自己全心全意为民族独立和人民解放而奋斗的模范行动，以及由此形成的人民群众对共产党的信任和拥戴决定的，是中国人民在对各个政党的历史比较中形成的历史性选择。因此，中国特色社会主义最本质的特征就是中国共产党的领导，中国特色社会主义制度的最大优势也是中国共产党的领导。

库恩：但是，这个问题还需要进一步深化。我认为，一党领导、多党合作制度的优势很明显：政策的连续性、快速决策和长期投入，可以确保需要长期一致性的战略能够得以制定和实施。但是，所有的治理体系都有利有弊，一党领导、多党合作制度面临的两个挑战是：第一，确保所有理性的观点，包括不同的观点，都包含在决策过程中；第二，对各级政府官员的监督进行系统的制衡。

中国共产党领导的多党合作和政治协商制度是一项政治创新，既能包含社会各阶层的投入和思想，同时也能保持精神的和谐和政策的连续。但是，因为中国共产党在规模和权力上有着巨大的优势，所以，也更有义务关注其他党派和声音。真正的民主是通过多数人对待少数人的态度来衡量的。

“打铁还需自身硬”，中国共产党需要强大的党员队伍。因此，中国共产党开展了影响深远的反腐败斗争，“打老虎”“拍苍蝇”，赢得民心。

还有一个问题，国际社会注意到，十九大在强调中国共产党的领导时提出要“坚持党对一切工作的领导”。为什么要在这个时候提出这个问题？

李君如：党的十九大强调“坚持党对一切工作的领导”，归根到底，是中国特色社会主义进入新时代的现实对中国政治提出的新要求。党的十九大指出：“中国特色社会主义进入新时代，我国社会主要矛盾已经转化为人民日益增长的美好生活需要和不平衡不充分的发展之间的矛盾。”这就决定了我们当前和今后的工作方向：一是解决发展不平衡问题；二是解决发展不充分问题；三是满足 13 亿多中国人民更高水平的物质文化需要；四是满足人民群众在民主、法治、公平、正义、安全、环境等方面日益增长的需要。而要解决这些问题，必须由党来总揽全局、协调各方。比如，解决发展不平衡不充分问题，中国最大的“不平衡”是城乡发展的不平衡，中国最大的“不充分”是农村特别是边远乡村和山区发展的不充分。2018 年城镇居民人均可支配收入是 39 251 元，农村居民人均可支配收入是 14 617 元。到 2018 年末，农村地区还有贫困人口 1 660 万人。这就不仅需要完善市场经济，加快城乡特别是农村的发展，更要加大宏观调控的力度，特别是需要中国共产党来协调中央和地方、城市和乡村、地区和地区等各方面关系来支持乡村振兴。在中国，能够统筹和协调各方面关系的唯一力量，就是中国共产党。可以这样说，没有中国共产党的全面领导和协调，单靠农村和农民的自我奋斗，单靠市场经济的力量，这样复杂的问题是根本解决不了的。

这里，需要澄清的是，党中央的这一举措和邓小平当年关于党和国家领导制度改革的精神是一致的。1980 年 8 月 18 日，邓小平明确指出：“改革党和国家的领导制度，不是要削弱党的领导，涣散党的纪律，而正是为了坚持和加强党的领导，坚持和加强党的纪律。”他还说：“在中国这样的大国，要把几亿人口的思想和力量统一起来建设社会主义，没有一个由具有高度觉悟性、纪律性和自我牺牲精神的党员组成的能够真正代表和团结人民群众的党，没有这样一个党的统一领导，是不可能设想的，那就只会四分五裂、一事无成。”他在讲完这段话后，还指出：“这是全国各族人民在长期的奋斗实践中深刻认识到的真理。”

二、中国共产党是通过任人唯亲、裙带关系以及腐败的体系选拔官员吗？

库恩：中国共产党是通过任人唯亲、裙带关系以及腐败的体系选拔官员吗？这也是国际社会对中国十分关心、很想了解的一个问题。

李君如：中国革命走的是“农村包围城市”的道路，“农村”指的是各个“山头”的农村革命根据地。因此，在中国共产党历史上，各方面的英雄豪杰都来自各个“山头”。红军长征到达陕北后，各个根据地的英雄豪杰汇聚在一起，不可避免会发生“山头主义”即宗派主义的问题。因此，延安整风运动不仅要解决主观主义和党八股的问题，还要同时解决宗派主义的问题。中国共产党当时处理这个问题的原则是，承认“山头”，照顾“山头”，决不允许搞“山头主义”。正因为这样，中国共产党在延安时期实现了全党的大团结。改革开放以来，历史上的“山头”问题已经解决，但在个别领域、个别情况下也出现过任人唯亲，甚至搞“小圈子”的问题，这是党所坚决反对的，一经发现就作为吏治腐败加以查处。

库恩：我知道，“举贤与能”是中国政治在选人用人问题上的传统。“德才兼备、以德为先”是中国共产党选人用人的标准。

在中国的制度运转中，干部素质尤为重要。中国共产党在选拔、培训、监督、考核、提拔干部等方面花费了大量资源，必要时还对干部进行惩处、降职或开除。

中国历代封建王朝统治者都试图把全国最优秀、最聪明的人才纳入官僚体系，中国共产党批判地继承了这一系统的有益经验，使之符合当今时代。这一过程是严格并定量的，越来越注重透明度、公平性、广度，并减少各种形式的任人唯亲和偏袒。培训是很多的，贯穿于一个人的整个职业生涯。从上世纪80年代末开始，我见过中国各级官员，他们是世界上最有能力的管理者。

工作作风和个人行为的规则现在更加严格了。中央八项规定打击了铺张浪费和“空谈”，减少了官僚主义的考察和会议。培训活动强调道德、权力和自律的严格性，以及决策、业务和行为的忠诚度。

李君如：是的，中国共产党在选拔任用干部问题上，是有严格的标准和程序的。特别是，以习近平同志为核心的党中央在全面从严治党的进程中，按照依规治党的要求，健全了选人用人的制度和机制。中共中央印发的《党政领导干部选拔任用工作条例》和中组部印发的《党委（党组）讨论决定干部任免事项守则》都明确，选拔任用干部必须坚持党章规定的干部条件，坚持党管干部原则，坚持德才兼备、以德为先，坚持五湖四海、任人唯贤等。

与此同时，中组部明确了“凡提四必”“三个不上会”“两个不得”“五个不准”等程序性的严格要求。“凡提四必”，即讨论决定前，对拟提拔或进一步使用人选的干部档案必审、个人有关事项报告必核、纪检监察机关意见必听、线索具体的信访举报必查，坚决防止“带病提拔”。“三个不上会”，即严格执行干部选拔任用工作程序，没有按规定进行酝酿动议、民主推荐、组织考察的不上会，没有按规定核实清楚有关问题的不上会，没有按规定向上级报告或报告后未经批复同意的干部任免事项不上会。“两个不得”，即不得以个别征求意见、领导圈阅等形式代替党委（党组）会集体讨论决定干部任免，党委（党组）主要负责人不得凌驾于组织之上，反对和防止个人或者少数人专断。“五个不准”，即不准任人唯亲，不准突击提拔调整干部，不准临时动议决定干部，不准超职数配备、超机构规格提拔任用干部，不准泄露讨论决定情况，坚决防止和纠正选人用人上的不正之风。当然，精准科学选人用人是不容易的，但中国共产党在这个问题上已经迈出了重要的一步。

三、中国共产党的思想理论都是口号，没有实际意义吗？

李君如：你在中国各地采访已经很多年了，可以注意到中国共产党十分重视党的理论建设和理论武装。但是，我们也知道国外有人认为中国共产党的理论都是口号，没有实际意义，依你在中国多年的观察，是这样吗？

库恩：中国共产党重视理论，从这些理论中可以看出中国共产党人的价值观；这些理论确实会以吸引人的口号表现出来，其意义是简明地表达了中国的发展方向。

我根据自己的经验，包括我对浙江省（环境保护）和青海省（医疗改革，特别是山区的医疗改革）为期两周的深入调查研究，了解到为什么中国共产党宣称其领导是中国发展的最佳选择。中国共产党能够适应形势变化，在全国范围内推行新政策之前，会在有限的地区进行试验和测试。

李君如：是的。党的理论不是空谈，不是来自书斋的某种学说，而是实践经验的总结，其重要意义也在于它们是号召和团结广大党员和人民群众的行动指南。

库恩：重要的是，中国共产党的口号是为了推动全党在高级领导人的领导下保持一致性，领会这些口号的能量，是为了理解中国共产党领导人在制定和执行政策时的想法。

中国领导人的政治哲学通常用这样的口号来表达，经常被一些外国人视为空话。这种态度是错误的。从理解和分析中国领导人的口号中可以学到很多东西，这些口号反映了时代的问题和态度。

中国的政治口号强调了社会上那些被认为是最有问题、最敏感、需要改变或改进的方面。人们在与这些官员，特别是省级官员交谈时，会明显地发现他们对待这些口号很认真。我记得有一次与西部省份一个领导干部会面，我问他："你是如何贯彻习近平新时代中国特色社会主义思想的？"他认真地告诉我他们是怎样做的。因为，他们的职业生涯将取决于这些政策执行得怎么样（而不仅仅是谈论这些政策）。

四、中国共产党会不会像推进经济体制改革那样推进政治体制改革？

库恩：外界最关心的是中国的政治体制改革，中国共产党会不会像推进经济体制改革那样推进政治体制改革？

李君如：改革是要变革束缚生产力发展的制度，完善和发展社会主义基本制度，而不是要改变社会主义基本制度。因此，我们在工作指导中非常清醒，改革不是什么都要改，不是什么都要按照一种方式改，总是明确"改什么、不改什么"。在经济体制改革中，我们用社会主义市场经济取代传统的计划经济是正确的。但在政治体制改革中，如果我们也是按照这样

“取代型”改革的方式去设计，则是完全错误的。这是因为，我们实行的人民代表大会制度、中国共产党领导的多党合作和政治协商制度、民族区域自治制度、基层群众自治制度，无论从建立的历史条件来讲，还是从制度的本质特点来讲，都是中国共产党从中国实际出发创造的民主制度，都是马克思主义基本原理和中国实际相结合的产物，而不是从别人那里照抄照搬过来的。我们要做的事情，是更好地完善这些制度，而不是用什么多党制、两院制去取代它们。

习近平总书记在提出全面深化改革之初，就鲜明地提出了改革中要明确“改什么、不改什么”的问题，并说这是问题的“实质”。他的原话是：“不能笼统地说中国改革在某个方面滞后。在某些方面、某个时期，快一点、慢一点是有的，但总体上不存在中国改革哪些方面改了，哪些方面没有改。问题的实质是改什么、不改什么，有些不能改的，再过多长时间也是不改。我们不能邯郸学步。”因此，在全面深化改革中，我们不能离开改革的方向、立场、原则胡改乱改，而要永远记住“改什么、不改什么”这个实质问题。中国原来实行的计划经济体制明显束缚生产力的发展，我们用社会主义市场经济来取代它。中国的政治体制是在中国共产党的创造性实践中建立的，总体上有利于中国人民当家作主和生产力的发展，中国不会用多党制、两院制等不适合中国国情的制度去取代它们。但是，中国的政治体制也存在不少弊端，也要在持续的改革中完善它们。

库恩：正如我之前所说的，所有的治理体系都有利有弊。一党领导、多党合作的好处包括能够迅速实施关键政策，如金融危机期间的刺激计划。中国共产党可以确保需要长期承诺的战略能够得到长期投入，如西部大开发战略。

一党领导、多党合作，整个社会更依赖于其领导人的素质，更容易受到其变迁和过度行为（尤其是腐败）的影响。中国的一党领导、多党合作制度在改革时期取得了巨大的成功，但在几十年前，当“左”的意识形态以压倒性的狂热占据主导地位时，群众运动的浪潮影响了国家的稳定和发展，人民一贫如洗。今天的中国共产党是一个“学习型政党”，它鼓励党员在科学、经济和文化等各个领域扩大知识面。

如果我们审视现实生活的每一个方面，就会发现中国人在今天比在他们漫长的历史中任何时候都拥有更多的个人自由。虽然我对中国惊人的经济成就感到惊奇，但我仍然认为经济成功是中国共产党的第二大成就。第一大成就是解放中国人民的思想，使个人和社会生活的自由度越来越大。

此外，中国广大人民终于摆脱了大范围的饥荒、瘟疫、无家可归、文盲、政治运动和其他社会灾难。至于让公民参与治理过程，中国政府正在开发互联网、社交媒体的新用途，以征求反馈和评估意见。

我认为一党领导、多党合作制度是当今中国的最佳制度，因此我要强调，中国共产党有更高的责任标准，从最广泛的意义上提高个人福利，包括治理的透明度、对政府的公共监督、法治、民主、各种自由和人权。习主席指出，作为执政党的中国共产党，应该依规治党，接受群众监督。

尽管有人认为中国在多党制下会更加稳定，但这种一厢情愿的想法似乎并不符合中国的现实。

我对中国共产党强大的精英政治印象深刻，中国共产党的领导干部具有高超的才智和良好的教育背景，有丰富的经验，并注重他们的业绩统计数据。中国共产党官员一般都是世界上最能干的人。只有保持党的高领导水平，防止独裁和专制的统治（特别是在地方层面上）重演，中国共产党才能继续成功地领导中国。

五、从中国7亿多人口的脱贫看，中国共产党的组织架构以及决策、执行机制有什么特点？

李君如：你在中国采访过许多领导干部，最近又在研究中国共产党是怎么脱贫的，你以美国人的眼光注意到中国共产党的组织架构以及决策、执行机制有什么特点？

库恩：我确实采访过许多中国共产党的领导干部，他们有中央领导，也有地方领导甚至基层领导。中国共产党从中央到地方、基层都有组织构架，既可以在决策时自下而上了解情况，又可以在贯彻时自上而下层层落实。这在脱贫攻坚战中体现得特别明显。

习近平明确表示："全面建成小康社会，一个不能少；共同富裕路上，一个不能掉队。"习近平说："扶贫始终是我工作的一个重要内容，我花的精力最多。"这是一个国家元首的非凡声明。

扶贫工作是如何实施的，特别是在扶贫工作非常重要的基层？这其中的关键就是中国共产党，中国共产党调动其组织力量，动员各级党员干部特别是基层党员干部贴近贫困群众。习近平要求"党政一把手要当好扶贫开发工作第一责任人，深入贫困乡村调查研究，亲自部署和协调任务落实"。

2018 年底，中国有 1 660 万农村贫困人口，约 400 个贫困县，近 30 000 个贫困村。2012 年底中国农村贫困人口为 9 899 万人，在 6 年时间内累计减少了 8 200 万人以上。

我原以为自己对中国了解很多，但直到在中国最贫困的县和最贫困的家庭待了几个星期，才知道精准扶贫是如何起作用的。

我看到了以下几种扶贫举措：产业扶贫、易地扶贫搬迁、劳务输出扶贫、交通扶贫、水利扶贫、教育扶贫、金融扶贫等。

有三件事让我感到惊讶：（1）政府为贫困家庭建立了档案，里面记录每个家庭成员的情况，档案每月更新一次，信息定期发往北京；（2）省、市、县、乡、村五级党组织书记直接参与扶贫工作的协调和实施；（3）年轻党员对口帮扶贫困家庭，在贫困村生活不少于两年。

此外，在如此多的地方投入如此多的资金，我认为腐败将是不可避免的问题。但我印象深刻的是，政府在披露其错误的时候极其公开，2018 年，共查处扶贫领域腐败和作风问题 13.1 万件，处理 17.7 万人。

2019 年 3 月 7 日，十三届全国人大二次会议新闻中心举行记者会，国务院扶贫开发领导小组办公室主任刘永福表示："谁要想动扶贫这个奶酪，或者败坏脱贫攻坚的名声，也要严肃处理，不能让他得好处"。

我一直在中国最贫困的地区游历，因为我正在制作和主持一部关于中国独特的"精准扶贫"的大型纪录片。我最近有一个担心：即使扶贫成功了——即使到 2020 年消除了所有极端贫困——在那之后会发生什么呢？家庭收入刚过极端贫困线一年，并不能使他们达到"小康"。那么，如何使中国的减贫可持续呢？对这个问题需要继续保持警惕。

李君如：了解中国共产党的决策和执行机制，还要了解中国共产党和同级组织之间的关系。中国共产党实行的是民主集中制，在中国共产党和人大、政府、政协、法院、检察院等同级组织之间，按照"总揽全局、协调各方"的原则，既支持它们依法依章程履行职能，而不包办它们的工作，又根据人民群众的要求来协调处理它们工作上出现的问题。

库恩：中国共产党在决策时还有一个特点，在改革开放中对新政策的制定采取十分谨慎的态度，总是在试验、检测、修正以及改进的基础上制定新政策。

李君如：中国共产党决策的总原则是实事求是，根据实践需要决策，在实践中发现问题并及时改正。

六、中国共产党的反腐行动是党内斗争吗？

库恩：中国共产党的反腐行动举世瞩目，但也有一些非议，说这是中国共产党的党内斗争，怎么看这个问题？

李君如：中国共产党反对腐败的斗争是党的自我革命，这种斗争不是排除异己的斗争。中国共产党反腐败斗争最大的成就，是不仅净化了党的肌体，而且使党赢得了人民群众的信任，密切了党群关系，巩固了党的执政基础。

库恩：国际社会还有一种议论，说在中国共产党一党领导下反腐是不可能成功的。

李君如：中国共产党领导的反腐败斗争，依靠的是广大党员和人民群众，有一整套自我净化的机制和立体的监督体系，已经取得了不可抹煞的成就。那种认为只有多党制才能预防和反对腐败的观点是不正确的，世界上许多多党制国家并没有预防腐败的发生，还常常把反腐败斗争异化为排斥异己的党派斗争，并不是成功的经验。

当然，中国共产党是非常清醒的，认识到全面从严治党、反腐败是一项长期的斗争，不仅要坚决、果断，而且要有长期斗争的思想准备和战略部署。为此，党中央提出这场斗争第一步先解决“不敢腐”的问题，造成强大的震慑力，然后再一步一步解决“不能腐”“不想腐”的问题。也就是，要从“打老虎”“拍苍蝇”到建立健全反腐制度，坚持依法治国、依规治党，把权力真正关进制度的笼子。应该讲，强调依法治国、依规治党，是推进国家治理体系和治理能力现代化、完善和发展中国特色社会主义制度的需要，也是全面从严治党、深化反腐败斗争的需要。党的十八届四中全会在部署全面推进依法治国时，令人注目地把党内法规建设和依规管党治党也列入其中。

需要指出的是，依规管党治党之“规”，包括了一个党的根本大法、两套党内法规体系。党的根本大法，就是党章。两套党内法规体系，一套是以保障党内民主、实现党员权利和义务、提高党的领导能力和执政能力为目标的党内法规体系；一套是以保障党的集中统一、严格党员纪律、增强党的拒腐防变能力和抵御风险能力为目标的法规体系。前一套党内法规体系，包括发展党员规定，选拔任免干部规定，党内民主生活和组织生活规定，干部学习培训规定，以及定期召开党代会、选举党委会和党委实行集体领导的规定，等等，是“扶正”体系；后一套体系，包括十八大以来最有名也执行得最坚决的中央八项规定，还有关于党的政治纪律、组织纪律、廉洁纪律、群众纪律、工作纪律、生活纪律的规定，等等，是“祛邪”体系。只有“扶正”和“祛邪”相结合，一个党才能在各种复杂形势复杂情况下健康发展。领导实施这两套党内法规体系的主体都是党委。也就是说，我们坚持全面从严治党，坚持严格依规治党，有目的，有依据，有机构，是一个自我监督、自我执行、自我完善的治党体系。坚持把“扶正”和“祛邪”这两个方面治理有机地结合起来，就能够确保党在各种复杂形势复杂情况下健康发展，把反腐败斗争进行到底。

库恩：中国共产党在习近平领导下进行的反腐败斗争确实赢得了公众的大力支持，并将毫无疑问地继续下去。

我自己也被问到有关反腐败斗争的问题。我经常接受媒体采访，国际媒体和中国媒体都有，每次采访我都会被问到对立和矛盾的问题。国际媒体想让我证实，习近平领导的反腐败斗争的唯一目的是与“对立派系”和“政治对手”进行“政治斗争”，压制“政治对手”。中国媒体则想让我证实，习近平领导的反腐败斗争的唯一目的是惩治腐败官员，与同“对立派系”的“政治斗争”和压制“政治对手”无关。

有西方分析人士认为习近平领导的反腐败斗争在很大程度上是政治权力的武器，这反映了他们在看待中国问题上的肤浅、片面。因为中国巨大的体量和复杂的形势，中国领导人几乎每一个重要的决定都有多种动机或原因。

对于反腐败斗争，我找到了 10 个动机或原因（“10”没有什么神奇之处，可能还有更多）。

（1）显而易见，将腐败的官员绳之以法。管理中国庞大的人口和复杂的社会，必须尊重法律和司法公正。

（2）通过打击腐败，增强中国共产党的公信力，增强公众对中国共产党继续领导的信心。

（3）通过打击腐败，提高中国共产党的执政效率。

（4）腐败造成了市场扭曲，通过减少腐败，可以更有效地分配国家资源。

（5）腐败官员阻碍经济改革，因为改革威胁到他们在现行条件下的非法利益。清除腐败官员有助于改革。

（6）腐败官员为个人利益阻挠法治，检举腐败官员可以加强法治，维护国家利益。对习主席来说，法治是极其重要的。这是他的“四个全面”中的第三个，是他治理中国的总体指导方针。

（7）腐败官员，利用公共权力谋取私利，清除这些“害群之马”有助于国家团结和政治稳定，这对中国来说是至关重要的。

（8）打击腐败，对全社会都有益，有利于道德建设，使中华文明恢复为道德和正直的典范。

（9）中国要成为世界商业中心，必须具备世界一流的商业标准和道德规范。

（10）中国要成为全球榜样，必须展示道德和正直。

想要了解中国，就必须了解习近平领导的反腐败斗争。

展望未来，没有人怀疑中国共产党正面临着各种各样的挑战。经济改革和转型既重要又棘手。社会发展，如污染控制和医疗保健，必须满足人们不断增加的期望。此外，随着透明度的提高以及自我纠正机制的建立，公共压力正与日俱增。为了应对这些错综复杂、有时甚至相互矛盾的目标，中国共产党正设法让公民参与治理国家和监督政府的过程，例如通过社交媒体和公众投票。

但是，作为唯一的执政党，中国共产党不必参与定期的竞争性选举，我要再次指出，随着时间的推移以及维护社会稳定的需要，中国共产党有义务提高人民生活水平。此外，剖析过去的错误，无论错误多大，并解释是如何纠正这些错误的，这可以增加对当前成就和未来战略的信心。

中国共产党不断完善自我，“永远在路上”，它将永远如此，这就是它的力量所在。中国共产党作为唯一的执政党，必须不断地评估和调整自己，这使它保持强大。条件会变，政策也必须改变。只有这样脚踏实地，不断地监督和改造自我，中国共产党才能实现全面建成小康社会和建成社会主义现代化强国的目标。全世界要想了解中国共产党为什么能长盛不衰，就需要了解中国共产党的这一特性。

中国共产党肩负着一个历史使命。一千年后，当人们编纂政治制度年鉴时，今日的中国很可能会成为一个很好的案例，供人们研究一党领导、多党合作的国家如何建设一个繁荣、民主的社会。

◎吴晓求与杰弗里·萨克斯

中国与世界的70年：过去、现在和未来

吴晓求

中国人民大学副校长、金融与证券研究所所长，金融学一级教授，教育部长江学者特聘教授（2007）。主要社会学术职务：全国金融专业学位研究生教育指导委员会第一副主任委员、全国金融学教学指导委员会（本科）副主任、国务院学位委员会应用经济学科评议组成员、中国教育发展战略学会高等教育专业委员会理事长等。在《中国社会科学》《经济研究》等重要学术期刊发表论文百余篇，出版《金融危机启示录》《中国资本市场制度变革研究》《中国金融监管改革：现实动因与理论逻辑》等多部著作。

杰弗里·萨克斯（Jeffrey Sacks）

著名全球发展问题专家，哥伦比亚大学经济学教授，哈佛大学国际研究中心主任，联合国原秘书长安南的高级顾问，“休克疗法”之父。曾连续两年被《时代》杂志评为“世界百名最有影响的人物”之一，并被《纽约时报》称为“世界上最重要的经济学家”。

一、中美在可持续发展上面临的挑战

杰弗里·萨克斯：在经济发展的过程当中，我们要实现经济增长、社会公正以及环境优美。这三个元素之间的平衡是最大的挑战，是所有国家所共同面临的挑战。中国和美国在发展过程当中所遇到的困难和问题有很多相似性。

中国在过去 40 多年中取得了长足的经济发展，巨大的经济成就带来了中国经济的繁荣，如今中国已经成为世界第二大经济体。就经济规模来说，按照购买力平价（PPP）计算，中国经济总量在五年之前就已经超过了美国。但是和美国一样，中国现在也面对着两大重要挑战。其中一个挑战就是收入不平衡。有一些数据，比如基尼指数就反映了一点，在美国也有类似的情况。如何保证经济的发展是公平的，能够惠及全国所有人，这是有待应对的挑战。

第二大挑战是和环境相关的，因为中国经济的发展对环境造成了一定影响。

在美国，情况非常类似。美国算是一个富裕的国家，但不平等现象也尤其突出。社会底层的人都饱受疾病之苦，生活得不到保障，面临巨大的社会压力，甚至平均寿命都比较低。与此同时，美国又面临非常严重的环境污染问题。

所以，中美两国在面临的挑战上有很多相似之处。从这个角度来说，中美双方可以实现互学互鉴，但到目前为止，还没有看到一个可以明显借鉴的模式。我们必须要找到新的发展模式，找到新的发展理念，没有办法照搬某一个国家的经验，没有一个现成的方案可以套用。

所以，现在需要面对的一个问题是一个什么样的经济发展模式适合可持续发展。

简而言之，我认为，中国和美国都需要进行创新发明，要找到一种新的经济发展模式，走上可持续发展的道路。而这种模式历史书上没有，教科书上没有，需要我们另辟蹊径。

中美都首先需要能源转型。

第一，我们需要一种既有市场也有政府的经济模式。一定程度上需要市场经济作为驱动，但政府也要发挥自己的作用。中国已经是这样一种模式了，所以，中国在这方面有了一定的优势，但也需要做出一些重大调整才能够让政府和市场更好地发挥自己的作用。

第二，可持续发展要求很多的结构调整、结构转型。实现能源结构的转型最重要。原因在于，中国现在所有的能源结构是以煤作为主导的，但这种模式造成了严重的环境污染，所以，中国必须要实现能源结构的重大转型，而且速度要快、步幅要大，只有这样才能保证环境的健康和安全，真正应对气候变化。

能源转型要求减少煤、天然气等化石燃料的使用，更多地使用新能源，包括水利、核能、太阳能、风能，以及其他不会造成环境污染的一次能源。但问题就在于如何实现这一点。

在美国，对煤炭的依赖程度没有那么高，但我们对化石燃料的依赖程度比较高，我们的空气污染没有中国这么严重，但二氧化碳的排放量也不低。所以，我们两国的经济都需要重大的结构调整，实现真正的能源转型。怎样才能够实现呢？在我看来，一定要政府和企业都发挥自己的作用，政府一定要搭台，比如规划阶段就要为能源转型设立框架，与此同时，企业也一定要以创新的方式提供低成本的太阳能、风能等可持续能源作为基础解决方案，也就是说公共部门和私人部门要各司其职。

中国的规划非常有效，这点美国有劣势。

我们需要进行长期的规划才行。其实中国的规划一直都是非常有效的，而且大家也已经知道，中国正在制定“十四五”规划。但规划制定只是以5年作为周期的，而整个能源转型是可能涉及未来20～30年的长久大计。所以，我们在整个机制层面需要考虑什么样的机制框架才能够真正带来结构性的转型。

美国并没有非常完善的全国层面的规划程序。在华盛顿，美国的联邦政府并没有一个像中国的发改委这样的规划部门。如果说华盛顿在做什么规划的话，肯定会有人提出质疑，会觉得这种做法是不对的。但我们需要调整美国人民的心态，告诉他们，实现可持续的发展，需要具有前瞻性的规划。而美国人的一个劣势、弱点就是，他们都有点理想主义，认为政府就不应该做任何的规划。实际上没有这种规划的话，我们不可能为结构转型做好准备。

吴晓求：中国的改革是有目标、有计划的渐进式改革。

新中国成立这70年中，前30年我们走的是计划经济的道路，中国共产党建立新中国之后的确有个如何建设这个国家的重要任务，我们当时对搞经济建设不太有经验，学习了苏联一整套做法。前30年我们实际上是探索。后40年，我们进行了市场化改革的推进。前30年也还是有可圈可点的地方，包括一些重大工程，起到了非常重要的作用，奠定了中国现代工业的初步基础。不过，我们没有遵循经济的规律，30年了，人民的生活还没得到应有的改善，温饱问题还没有解决，那么说明经济体制是有问题的。

小平同志说“贫穷不是社会主义”，我们首先要把老百姓的生活问题解决好。所以，如何解决温饱问题成为当时那代领导人的最重要的任务。小平同志领导我们进行了市场化的改革。

中国的经济改革必须坚持社会主义方向，在此前提下，一是要坚持市场化改革，其核心就是如何正确处理政府和市场的关系。重视民营经济的发展，实际就是在朝着市场化方向推进。这个方向始终是没有变的。二是要坚持开放政策。中国的开放是渐进式的开放，中国的改革也是渐进式的改革。改革有两条途径：一是“休克疗法”，就是杰弗里·萨克斯教授所确立的，有它的意义；二是渐进式的改革。我们走的是渐进式改革的道路。开放也是改革。对外开放是中国经济成功的秘诀之一。开放让我们向发达国家学习，加快了发展。

杰弗里·萨克斯：可持续发展需要实现六大转型。

我们在研究可持续发展这个问题过程中，指出六大转型是必须要实现的。只有实现了这六大转型，我们的社会才能够走上可持续发展的道路。

刚才我已经提到了第一个，那就是实现能源的转型。第二个需要实现的是土地使用方式的转型，我们要更好地保护水体、土壤、森林和生物多样性，大部分国家并没有持续的土地使用战略，至少现在没有。中国正在制定这样的战略。但在过去 40 多年当中已经出现了非常严重的污染，导致了大部分的河流、海岸和土壤都受到了污染，污染程度在世界范围内都是比较高的，这对转型是个重大的挑战，不仅对中国，而且对美国来说也是这样。

第三个转型就是要发展高质量的教育。中国有非常坚实的教育体系和系统，有知名的大学，非常棒的研究员，还有更多在教育方面的努力。所以，中国在全球教育当中是发展最快的。中国教育已经达到全球高质量的发展水平，可以和美国并肩，这是让人非常高兴的事情，因为这不仅可以推动经济的发展，同时可以提供未来技术的解决方案。创新研发机构一方面由市场主导，另一方面由政府驱动。在我看来，一个创新的生态系统是由政府和私人部门共同主导的。

第四个转型，是关于医疗卫生和全民健康方面的。我们相信良好的医疗卫生条件很有必要，尤其是在老龄化社会。中国现在正在应对这个问题，就和美国一样。中国有很多卫生部门和机构。提高医疗卫生服务水平，改善生活方式、提高生活质量，是个挑战。因为我们现在的生活方式不够健康，走路不够，运动不够；同时，我们的饮食结构也愈发不健康。中国是这样，美国也是这样，大量的肥胖人群就是个提醒。很多中国孩子也有发胖的趋势。为什么会这样？最主要的是缺少运动、没有健康的饮食习惯。当 1981 年我第一次来中国的时候，每个人都骑自行车，没人开车，那时候的中国人看上去比较瘦，当然吃得也不太好。现在时代变了，自行车还是有，但不像以前有那么多人骑了，现在中国人的饮食热量也偏高。

第五个转型是建立可持续发展的城市。中国的城市化率非常高了，但问题是中国要建立什么样的城市呢？有一点毫无疑问，城市需要更多人性化的设计，让城市变得更加宜居。城市设计是非常重要的，这不是由市场主导的活动，必须由人来完成，因为城市就是由人所规划的网格设计。

第六个转型就是数字化社会的形成。中国实际上已经是互联网最普及的国家之一，中国也在告诉别的国家如何有效使用微信，如何通过手机来付款，一切都在电子化。我们开发的数字系统要在方便人们的生活的同时，还能够保护隐私，提供更好的服务，也能增强人与人之间的联系。

我们需要有足够的技术和能力来确保每个人都可以获得医疗、教育、清洁的空气、可再生能源等资源。我们到现在为止还不能说已经实现了以上的这些目标。中国没有完成，美国更是没有完成。

金钱主导的美国不关心可持续发展。

在美国，从一种完全资本化的经济模式要进入可持续的经济模式是非常难的，为什么呢？因为这个国家处在受金钱主导的权力结构之中。赚钱是首要的任务，这样一种考虑已经超过了对可持续发展的关注。因此，在美国，我们也忽略了对环境的保护，也忽略了气候变化对人类的影响；同时，也忽略了经济和平等之间的关系，因为美国的政治体系，至少现在还主要是由有钱人或有势之人主导的，而不是平等民主地由每个人所决定的，这对我们来说是政治层面上的巨大挑战。

特朗普政府可能是我们有过的、在历史上最糟糕的一届政府，因为总统完全不在乎我刚才讲到的这些信息，他考虑的是现有主导人士的利益，包括污染者、制造者和有钱人。所以，这是来自于政府层面的挑战，至少我自己还在不断地努力，希望未来能够看到不一样的政府。明年就要进行大选，我关注的是政府是否转向可持续发展，而不是让亿万富翁变得越来越有钱；同时，大选还会影响美国应对全球气候变化的政策走向，因为这是特朗普不太支持的一个事业。这也是政治层面上的巨大挑战，也是经济结构上的挑战。

现在出现了问题，我们如何找到办法来解决这个问题？世界上每一个国家都应该以各种各样的方式在经济层面上进行合作。所有的政府，包括美国政府，都应该促进这种增长、平等和环境三合一的协调发展，并确立可持续发展的目标。尽管一些政府确立了联合国建议的目标，不见得它们就会为了实现这个目标而采取相应的行动。

美国政府现在对这些可持续发展目标就是完全不关注的，特朗普总统有很多其他的工作，可能更关注推特吧。所以我们希望新一届美国政府能采取不同的措施。

吴晓求： 中美两国未来共同面临五大问题。

第一，公平问题。中美两国的基尼系数非常接近，美国为0.46，中国为0.474（2012年），两国政府都应高度重视贫富差距问题。

第二，环境问题。中国的环境挑战大于美国，因为中国的发展相对落后，中国的能源结构是以煤炭为主体的，煤炭对环境的污染是非常直接的。中国经济虽然40多年来取得了巨大成就，但我们也付出了昂贵的代价，就是环境的严重破坏。我们未来要花很长的时间去补救。

第三，创新挑战。可持续发展最核心的是创新能力，一个国家的创新能力决定了它的经济可持续性。中国在过去40多年里，高等教育发展取得了巨大成就，培养了数以百万计的工程师，使我们在相对比较短的时间内完成了工业化的过程。同时，中国也培养了一大批经济学家，他们依照中国国情认真地参与设计了中国每一步的改革方案。当然，现在我们面临着更加艰难的挑战，对中美两国来说创新都是很重要的，尤其是教育。

第四，健康问题。健康和环境有关系，尤其是食品安全问题。

第五，发展进度问题。2018 年，中国的经济总量首次突破 90 万亿元，美国 2018 年经济总量超过 20 万亿美元，按照现行汇率计算，中国的经济总量大概只是美国的 66% ～ 67%。当然，近百年来我们人均 GDP 第一次接近 1 万美元，这是改革开放的一个巨大成就。

二、中美关系未来走向和美国的印太战略

杰弗里·萨克斯：美国的老大心态让中国成了“头号替罪羊”。

原则上来说，我们现在面对的挑战是世界性的，各国应本着成功应对挑战这个目标来合作，共同加速进步，真正地实现能源消费零碳排放。事实上，一个国家对另外一个国家提供支持的方式可以是多种多样的。但是现在美国正在对中国发动经济方面的攻势。

在美国，政治领导者的心态就是，美国应该永远都是全球老大，他们觉得这样世界才是公平的。美国的政策制定者和公众，看到中国快速崛起，还是比较惊奇的。看到中国经济发展这么迅速、技术这么先进，美国人吃了一惊。

我认为这其实是件好事。这样我们反而多了一个合作伙伴，可以和中国一起共同解决很多难题，比如可持续发展的问题、环境的问题、减贫的问题。很不幸的是，在美国大部分人

的心态就是“妈呀，现在中国成了我们一大威胁了”，而且在媒体当中，甚至有人把中国描述成美国的敌人。但这主要是在心理层面的问题，并不是地缘政治上真正存在的现实。很少有美国人是真正来过中国的，大部分美国人不了解中国，只有少数精英真正和中国有过接触。

所以，政策制定者就很容易说服民众，说中国现在是我们的敌人，特朗普总统就有这样的问题，因为他在自己的政治宣传当中，一个基本的观点就是，美国出现什么问题都是其他国家导致的，不是自己的问题。现在他让中国成了“头号替罪羊”，这个心态非常危险。

人们往往都会在内心里划分阵营，非此即彼。这种心态其实是比较危险的，但它现在就存在。如果美中两国关系出现敌对，有可能擦枪走火，甚至最终失控，就像冷战阶段美苏之间的关系，几乎就是水火不容，势不两立，持续了大概 40 年。我们应该尽量避免美中关系走到这一步。

我希望，美中紧张势态可以缓解的一个方式，就是中国在可持续发展方面发挥自己的领导力，成为明确的领导者，来解决世界的问题，帮助世界来应对一些重要挑战。有一大领域，在我看来，是中国可以发挥领导力的，那就是“一带一路”倡议。通过“一带一路”，中国希望和亚洲、欧洲合作，来建设现代化的基础设施，加强互联互通，这是个很好、很高尚的倡议，但实施过程中一定要得力，项目的设计和落地一定要做得非常好。

“一带一路”倡议在落实过程当中应做好可持续发展的示范，比如应进行能源体制转型，不要再大力发展煤电，不要再兴建天然气管道，而是要大力兴建风电厂、水电厂、太阳能发电厂，发展清洁能源。中国会使用自己的先进技术来帮助“一带一路”沿线国家减少污染，以更可持续的方式使用土地，获得高质量的数字技术服务。如果这真正能够实现的话，我相信将会让全世界能够清楚地看到中国的崛起，不仅因为中国人努力、勤劳、智慧和节俭，而且因为中国也是正能量的传播者。而且在我看来，中国的崛起确实有利于世界。

吴晓求：中美关系应成为中国对外关系的基石。

我非常赞同杰弗里·萨克斯教授对中美关系的定位和判断。我们推动的开放最重要的是对发达国家开放，因为我们要通过开放向发达国家学习经济发展的成功经验。中国人善于学习，知道哪些东西对我们有利，学过来之后再结合中国的国情进行创新。

过去数十年，中国人虚心地向美国等发达国家学习，而且年轻一代很多都会选择去美国留学。两个国家有很友好的基础，它们之间不构成任何敌对关系，友好的竞争是正常的，朋友之间也会竞赛，但不要搞敌对性的竞争。

杰弗里·萨克斯：在中美贸易谈判当中，人们高度关注两个问题：一是美国的态度，认为中国是威胁，因为中国的规模太大、竞争能力太强，所以，美国想要维持住自己大国的地位，这是整体的战略观点。二是中美两国政治、经济和技术体系迥异，两个迥异的系统如何能够合作、共存。

有一个问题，两国经济结构确实是有差异的，对于企业应该遵循什么样的规则，国家的支持和援助应该是什么、补贴是什么，都存在不同认识。美国的观点是，把这个问题留给市场，但美国其实也有很多关于工业的政策，可美国政府不会承认其实给了这些公司国家补贴。这种话语体系的不同让整个谈判无法预测。而且特朗普总统也是比较特立独行的一届美国总统，他不像其他总统具有可预见性，甚至可以说他是最无知的总统，他没有什么历史知识，也没有什么未来发展观。所以，他当总统，我没什么安全感，原因也就在这里吧。

至于说未来是个什么样的情况，我认为，如果中国能保持克制冷静，我们可能避免关系崩溃。应该努力避免中美之间的冷战，中国也应该和其他国家特别是和欧洲其他国家和地区加强沟通，强调以规则为基础的制度重要性，尽量能够避免采取单边行动，应该采取谈判的做法来解决问题。

此外，我和我的同事都认为，因为可持续发展是我们的目标，我们需要支持制定可持续发展的新规则，而不是所有的规则都是关于贸易和市场的。

第一，我认为中国应该保持克制；第二，中国应该和其他国家加强通力合作，继续保护基于规则的国际秩序；第三，中国落实“一带一路”倡议时能本着绿色发展的观点；第四，我们也应该和其他国家共同来讨论这些规则，并且发挥自己的主观能动性和创意来制定这些规则。

再说到印太战略，这是我的观点：首先，美国大部分人对印太战略没什么概念。美国大众对这个并不了解，因为和他们的生活并没有什么关系。起主导作用的只是美国少数精英阶层，他们是在战略层面上做决定的少数人，并不代表大众。但在这些战略政策制定者当中，有些人希望美国在战略和军事方面能处于主导地位，所以他们希望寻求新的联盟，通过这种联盟的方式能够对中国形成钳制，比方说让印度站到美国一边，让韩国、日本成为美国的联盟，对中国进行制衡，也就是把世界人为地划分成美国阵营和中国阵营。实际上这种心态非常危险，正是这种心态才会导致战争，而且没有必要把社会划分成非黑即白、非此即彼，我个人反对这样的思维。但确实是有一些国家安全顾问的世界观就是零和游戏：有人赢就必须有人输，不可能是双赢的。

我不希望中美双方划分阵营，一个由美国主导，一个由中国主导，这是非常危险的，结果可能会非常可怕。我们应该是有个开放的合作系统。我希望，中国能够和日本、韩国保持良好的关系。日、韩出于对中国体量巨大的恐惧情绪，可能会觉得自己的安全必须要通过美国来保障。事实上，它们的安全应该通过合作体制来保障。如果中国和韩国、日本进行非常密切的合作，相信能够为可持续发展提供解决方案。所以，我是希望各国之间加强沟通，而不是划分阵营。

吴晓求：我非常欣赏萨克斯教授的一段解释，如果美国社会都像您这样主张，中美关系会变得非常好。处理国与国的关系，包括经贸关系，谈判是基本的手段，不是制裁、不是恐吓。本来人类社会追求的就是相互尊重，我们觉得对双方都有益就做，都无益就不做，双方可以谈判。如果双方起冲突，对双方都有损害。

三、中国是否会落入“中等收入陷阱”？

吴晓求：“中等收入陷阱”最核心的是制度陷阱，当制度没有激励功能的时候，经济一定会倒退。中国要进入发达国家行列，避免“中等收入陷阱”需要注意以下几点：

第一，制度设计。一定要设立一整套的激励制度，不能再搞平均主义。搞平均主义，搞计划经济，走老路，我们一定会倒退。我们必须沿着市场化的方向继续推进改革、不断深化改革。

第二，技术创新。经济发展只靠人口规模是不行的，还要靠生产力水平的提高。生产力水平的提高无非就是制度创新和技术创新。

第三，要进一步开放，要在全球配置资源。开放包括经济体系的开放，也包括金融体系的开放。

只要我们恪守了这三点，中国跨过“中等收入陷阱”没有问题，这方面我们还在探索，一定要保持信心。

杰弗里·萨克斯：其实我完全不担心中国会掉进“中等收入陷阱”，原因有一个，创新体制是避开“中等收入陷阱”最重要的方式。而只要中国能够继续保持活力，继续推动技术创新，我相信中国肯定不会重复阿根廷和巴西的“中等收入陷阱”。因为在这两个国家，普遍教育水平比较低，民众受教育程度比较低，技术教育尤其缺乏。

而现在中国技术发展的速度是非常快的，“中国制造2025”的政策是非常好的一个政策，中国已经找到最重要的发展方向，包括交通、半导体、人工智能、精准医疗、精准农业，同时也会鼓励私营部门将更多资源投入这些领域。

接下来是高等教育、高质量教育，以及更好的创新体系，它的重要性不言而喻。

我再讲一个理念，社会是需要寻求一种平衡的，它不仅是追求财富，也要平衡大家的幸福感和全民的福利，这是一种非常好的想法，因为它代表着社会的最终目标，应该是更高的价值追求。这种良好的价值观是能够指导社会发展的。

我们现在极度接近危险的漩涡，因为赚钱是很有吸引力的，而且很容易让人搞错价值判断，忘记了要保护环境，忘记了全民的共同利益，忘记了整个社会发展。这是另外一个陷阱，美国没有在“中等收入陷阱”里，美国在“富裕陷阱”里，因为美国社会追求的目标就是“金钱”二字。这种思想指导下，我们就失去了社会的平衡感，无法保护我们的环境，无法救助低收入人群。

四、现代化、技术发展到了现在，是否进入了进步主义终结的年代？

杰弗里·萨克斯：有一点很明确，我们现在并没有遭遇技术的瓶颈。我们解决问题的能力也在提升，可以说现在我们正处在一个非常丰富的时代，技术的发展是丰富的，学习的知识是丰富的。在很多领域进步都是喜人的，我们也不应该认为机器能替代人做所有的工作是件坏事，如果机器能做很多人的工作，那留给我们放松、沟通的时间就更多了。让机器干活，我们坐下来喝喝茶、喝喝咖啡就好了。所以，未来我们追求更多的文化活动，实现自我追求，开发自己的兴趣爱好，而不是把大部分的时间都用在辛苦工作上面。

我认为，我们未来会取得更大的进步。但纵观人类的历史，技术永远都是一把双刃剑，技术可以造福人类，但如果落入恶人之手也会产生恶果。所以，新的技术如果用于改善人们的生活是一种选择，但如果作为屠杀的工具，则是另一种选择。其实这种双刃剑的影响在过去的几百年当中一直都非常明显。1840 年英国对中国发动了鸦片战争，因为英国先有了蒸汽机，比较有意思的是，蒸汽机其实是中国人发明的，但几百年都没有进行商用。后来英国实现了蒸汽机的商用，然后又实现了军用。当然，核能也可以作为民用，如果军队使用那就是摧毁性的。互联网增加了互联互通的程度，也增加了信息的分享，但也带来了网络战争。所以，我们要推动和平，要和技术齐头发展，而不能理所当然地认为有了技术生活就会变得更好，我们必须为之付出努力。技术是没有边界的，可以带来更多财富的积累，只要我们做得好、用得对，我们的未来一定更加美好。

吴晓求：技术的确是把双刃剑，就人类生活来说，未来肯定比今天要更加富有，更加便捷，更加快乐，空气会更好，环境会更美。我和萨克斯教授有同样的观点，技术当然可以造福人类的生活，改善人们的生活环境；但技术还有另一方面，如果人类欲望得不到节制，技术也会带来灾难。

英国工业革命使人类社会发生了巨大变化，到现在的信息技术革命，以更快的方式改变着人类的生活。

最近几个朋友跟我聊起“畅想未来 300 年”这个话题，说到 300 年后人是不会死的，可以把所有的基因植入芯片，你和我又重新出现。我一看这违背了自然规律，如果到了 300 年以后人不会死，也不会再生，是很无聊的，天天见到的都是同样的人，也很恐怖。从这个意义上来说，我会觉得有点忧虑，我还是希望过自然的生活。

◎臧峰宇与罗兰·博尔

人类命运共同体的理论内涵与现实价值

臧峰宇

中国人民大学研究生院副院长兼哲学院副院长、教授、博士生导师。入选国家“万人计划”青年拔尖人才、中国人民大学“杰出青年学者”。在《哲学研究》《教学与研究》《中国高校社会科学》等刊物发表学术论文百余篇，其中40余篇被《新华文摘》《中国社会科学文摘》《中国人民大学复印报刊资料》等转载或转摘。出版专著《马克思政治哲学引论》《通往智慧之路》《晚年恩格斯哲学经典文本的内在逻辑研究》，译著《不同的路径》《恩格斯传》。曾获吴玉章人文社会科学青年奖、霍英东教育基金青年教师奖、北京市青年教学名师奖。

罗兰·博尔（Roland Boer）

当代最富有创造力的马克思主义研究者之一，澳大利亚纽卡斯尔大学教授，曾受聘中国人民大学“海外人才”特聘教授。主要研究领域：马克思主义中国化、马克思主义宗教观。其著作《天国的批判：论马克思主义与神学》、《宗教批判：论马克思主义与神学》（三卷本）等因角度新颖，被翻译为丹麦语、意大利语、俄罗斯语、土耳其语及中文出版。发表论文和评论300多篇，应邀在中国多所高校讲学。

罗兰·博尔：“人类命运共同体”是习近平总书记非常重要的理念。显然，他关注的是国际关系，这引起了人们的极大兴趣。首先我们来探讨它的英文翻译。这句话译成英文似乎有点难，以往通用的英文翻译是“community of common destiny”，但这种译法有许多潜在的问题。还有另一种译法，在2017年习近平总书记所做的中共十九大报告中被译为“community with a shared future for mankind”。让我们更仔细地思考这个理念，它包括三个主要的词：人类、命运、共同体。

臧峰宇：“人类命运共同体”这个概念自提出起就引起了人们的广泛关注。2012年12月，习近平总书记与在华工作的外国专家代表座谈时指出：“国际社会日益成为一个你中有我、我中有你的命运共同体。”这个概念体现了中国文化风格，也体现了马克思主义共同体理论的中国化。理解这个词的英文表达，需要恰当的翻译，也需要合理的释义。这个概念有不同的译法，我觉得十九大报告英文版的译法更接近原意，当然我们需要更仔细地理解这个理念。我很高兴与你一起推敲这个概念的译法，这确实并不容易。

一、东西方语境中的“人类命运共同体”

罗兰·博尔：第一个词——“人类”，也许是最容易翻译的，因为它指的是“humanity”这个意思。我们所有人都包括在内。但这个术语从何而来？它来自于中国古代传统，还是来自于中国马克思主义传统？这对我来说是一个重要的问题，因为我想了解它是不是一个中性词。

臧峰宇：我认为“人类”在这里是一个中性词，就是我们所有人，体现了人在世界历史中的普遍性存在。

罗兰·博尔：第二个词——“命运”，立即就变得更复杂了。从字典上看，它有“destiny”“fate”“lot”这些意思，也有“发展趋势”的意思。但是字典只是一个引子，重要的是明白这个术语在中国语境中是如何被理解的，它居于中国传统文化与中国马克思主义文化的交叉点。或许你可以帮我迈出第一步。在此之后，重要的是要阐述“命运”在西欧语境中的含义，特别是因为这种翻译可能与在中国语境中的含义不同。

臧峰宇：“命运”确实是个复杂的词。《诗经》有云：“周虽旧邦，其命维新。”讲的是古老国家的使命在于创新。当然，个体也很关心命运，《左传》中有一句话：“民受天地之中以生，所谓命也。”人们关心自己能否如愿以偿地达到预定目标，把握自己命运的航向。我们常说，马克思主义传入中国，改变了中华民族的历史命运。我想这里更多的是指马克思主义使中国人把握历史规律，在实践中改变过去、创造未来。

罗兰·博尔：非常感谢你对“命运”的中国来源的解释。理解“ destiny”在西欧语境中的意义也很重要。最初，“ destinare”这个拉丁文是一个动词，意思是修复或建立，由此确定一个特殊的目的或终点。在这个基本的意义上，它是相对中性的，意味着它既可能是积极的，也可能是消极的。

然而，它也与“ fatum”这个名词有关。这是众神决定一个人的命运（“ destiny”或“ fate”）的法令。更详细一点说，古希腊有三个命运女神，她们是时间之神柯罗诺斯和必然之神阿南克的女儿。罗马人在他们的信仰中借用了这个观念，所以，三位女神（他们称之为“ fata”）的工作方式大致是相同的：决定人们的生命长度以及人们将忍受怎样的痛苦。这里基本的观念是我们无法控制我们的生活，因为有一个更伟大的力量控制它。这通常是“ destiny”和“ fate”在西欧语境中一直以来的意思。

臧峰宇：我觉得你阐述了古希腊罗马神话中关于“命运”

的观念的关键含义。人们对生命中的很多事情难以把握，这表明人是有限的存在。古人经常将一些困境归为所谓的“天意”，就是你所说的认为有一个更伟大的力量控制这一切。中国宋朝有个宰相叫吕蒙正，写过一篇很有名的《命运赋》，说人生的一切都是“时也运也命也”“此乃天地循环，周而复始者也”。在中国传统文化中，命和运有一定的区别：命是确定性的，运是可以转化的。孔子的弟子子夏也说过：“死生有命，富贵在天。”宿命论在中国古代典籍和民间文化中很常见。

当然，中国人也相信“人定胜天”“事在人为”，努力掌握自然的运行规律，把握自己的命运。例如，孟子就说过：“夭寿不贰，修身以俟之，所以立命也。”

罗兰·博尔：看来我们正在说明“命运”这个概念在中西方观念中有哪些不同。在中文语境中，“命运”结合了——正如你所说——“命”和“运”的意思，表明人类可以通过一致的关注和共同努力来塑造历史。相比而言，西方人看待“命运”的思路可能更接近“fate”：我们无法控制自己的“destiny”，因为有比我们更强大的力量决定它将会怎样。另一方面，英文“未来”一词具有更开放的意义，尤其是作为常用词，诸如“我们的未来掌握在我们手中”。人类行为可以改变未来的发展方向。从这个角度看，“命运”似乎具有“destiny”和“future”之间的意义。因此，这两个术语的翻译不同。但在我看来，在讨论这个术语时保持当前这两个意义——在“命”和“运”，或者在“ destiny”和“我们的未来掌握在我们手中”之间的意思是很重要的。

臧峰宇：“ fate”和“ destiny”这两个词的意思确实很接近，但也有细微的差别。正如你所说，“ destiny”在西方人看来是由比人更强大的力量支配的，人可以把握自己的“ fate”。我们之所以坚信能够掌握命运，是因为相信未来，相信我们可以通过自己的努力改变世界、改变未来。你从“未来”的角度理解人类的“命运”，让我很受启发。但也要充分考虑现在，我们不仅期待未来的命运，更关心当前的境遇，这是我们的命运中最现实的部分。因而，这里体现了一种变量，就是“我们的未来掌握在我们自己手中”，这是我们面对“命运”所具有的积极的态度。

罗兰·博尔：你提出了一个非常好的观点：我们作为人类和人类共同体现在所做的事情塑造了我们的未来或命运。我们可能无法——正如马克思所指出的——选择我们从祖先那里继承的东西，但我们可以采取行动来塑造未来后代和社会将继承的东西。到目前为止，我们正在提出实际问题，因为哲学不仅要求解释世界，还要改变世界。

臧峰宇：是的，解释世界固然重要，但问题在于改变世界。我也认为，在创造未来的过程中把握人类的命运，是中国传统文化的命题，也体现了马克思主义哲学的核心——人类解放。当然，我们要继承古往今来人类一切优秀文明成果，在对当代问题的思考中实现综合创新。就“人类命运共同体”理念而言，也需要理解源自西方思想史的相应内涵。

罗兰·博尔：我们还需要解决欧洲概念的后续发展问题。早期的“命运”概念只是这段历史的一部分。另一个阶段是漫长的基督教时期。欧洲后来是基督教化的，尽管这要经过1 000年才能实现，尤其是在北方。一方面，在很多欧洲传统文化中都有关于命运由诸神控制的看法；另一方面，尤其是当我们想起基督教神学是在古希腊哲学的交叉点发展的时候，会发现有些较古老的希腊和罗马思想以复杂的方式进入基督教。有鉴于此，神学的一个核心问题是：个人的社会生活是由上帝决定的，还是人类也对此有些影响？这是一场关于决定论和自由意志的漫长而且仍在继续的辩论。有时人们强调这一方面，认为上帝完全决定人的生活，导致所谓的“宿命论”；有时强调另一方面，认为人类在塑造他们的生活中发挥重要作用。在理想的情况下，这个张力是在一种神学辩证法中发挥作用的，决定论导致自由意志，以及人类希望在预先确定的世界历史中发挥作用，当然其中还有他们自己的救赎。但维持这种辩证关系是困难的。

臧峰宇：古希腊罗马文化与基督教文化都是欧洲文明的基石，或者说在欧洲观念中总能找到这两种文化的影子。你谈到的漫长而且仍在继续的辩论实际上讨论的是人能否掌握自己的命运。我对神学了解得很有限，对此我想说自由意志确实是一个积极的因素。意志是一种心理活动，是有明确目的的信念，是人们对于自身行为关系的主观反映。中国人自古强调“立志”，立鸿鹄之志，强调意志的主动性，依靠现有的条件努力实现自己的愿望。“人无志不远，志无勤不立”，没有自由自觉的活动，不可能成就有价值的人生。在这个意义上，一个有明确志向的人是不可能“宿命”的，意志力在中国马克思主义哲学中也得到了高度强调。

罗兰·博尔：是的，这在一定的意义上是正确的：希腊、罗马和基督教的观念塑造了欧洲文明。但是，尤其是随着现代性的冲击，这段历史也面临深刻的挑战。很多思想都构成对基督教思想和文化曾占据的主导地位的挑战。其中一种是自由主义，最初体现在1789年法国第一次资产阶级革命中。另一种是共产主义。众所周知，马克思和恩格斯为共产主义确立了最彻底的哲学和科学基础。他们为了理解历史，对神学框架进行了彻底的挑战。例如，在《德意志意识形态》中，马克思和恩格斯提出了作为历史唯物主义方法的最初的大纲。我们尤其能在他们对麦克斯·施蒂纳的长篇批评中发现这一点。一方面，他们批判施蒂纳，因为施蒂纳仍然认为历史受到基督教框架的影响。另一方面，他们提出了基于多层次矛盾的新模型。最后，这成为生产力和生产关系之间的主要矛盾。

臧峰宇：自由主义和马克思主义挑战了基督教思想在西方文化中的主导地位，特别是共产主义理论完全更新了基督教的历史解释框架。当然，理论之间具有复杂的关系，比如法国革命政治学和空想社会主义对马克思产生了深刻的影响。马克思和恩格斯在《德意志意识形态》中确立了历史唯物主义方法，你提到他们对施蒂纳的批判，是一个很好的例子。施蒂纳以“唯一者”的形象颠覆黑格尔绝对精神的历史，但他创造的“我”实际上讲述了另一个基督教神学故事。马克思对历史的理解有一个结构，我将它称作历史的结构或结构的历史，它表现为生产力和生产关系的矛盾运动、经济基础和上层建筑的关系以及社会存在决定社会意识的原理。

罗兰·博尔：处理这种张力的另一种方式是关于客观和主观因素的讨论，尤其是在马克思主义哲学中。我们需要明确这个术语，因为在中文中“主观”可能——就我所理解的而言——具有一种负面的意义，这在毛泽东的著作中可以看到。相比之下，“客观”具有更积极的意义。你能否告诉我，“主观”是否也有一种积极的意义，比如说“主观努力”或“主观能动性”？

臧峰宇：在马克思主义哲学中，关于主观性和客观性的讨论是一个好例子。毛泽东批评的“主观”更多的是指“主观主义”，本质上是一种否认客观实在性的观念论。他认为教条主义、经验主义都是主观主义，要通过反对主观主义来整顿学风。我想这里并没有一般地否定“主观”，个人的“主观努力”是重要的，既遵循客观规律又发挥主观能动性是毛泽东始终提倡的。

罗兰·博尔：为了不造成误解特别是在中文语境中的误解，也许我们应该谈谈对历史条件的科学研究，人们的行动可以改变历史条件。或者，正如马克思在《路易·波拿巴的雾月十八日》中说过的名言："人们自己创造自己的历史，但是他们并不是随心所欲地创造，并不是在他们自己选定的条件下创造，而是在直接碰到的、既定的、从过去承继下来的条件下创造。"因此，我们可以用自己的方式塑造历史，使之成为传承给后代的历史。列宁将这个见解向前推进一步，尤其是他在1914—1915年（再次）研究黑格尔，使他重新发现了马克思主义辩证法，并在他的《远方来信》和《论无产阶级在这次革命中的任务》中提出，对时局进行革命的干预，对改变局势而言是必要的。

臧峰宇：是的，回到马克思主义哲学文本是很必要的。我们应当秉持创造历史的主体性，理解历史条件的价值。人们对历史的创造既是有目的的，也是有条件的，这里确实有一个辩证法。当然，人们的实践活动不是随心所欲的，要遵循规律，因而是合规律性与合目的性的统一。在这个意义上，人虽然是有限的存在，但人是会思想的芦苇，可以创造卓越的历史。用张载的话说，就是"为天地立心，为生民立命，为往圣继绝学，为万世开太平"。所有重大的历史事件无一不是人们有意识干预的结果，正如列宁所强调的，革命者要干预时局，要在历史面前有所作为。

罗兰·博尔：我们似乎已经明确了习近平使用的“命运”一词的意义。一方面，它源于中国传统，体现了中国人对社会和人的存在的独特理解，以及对人类的行为能积极影响自身生存发展道路的理解。另一方面，它具有鲜明的马克思主义意蕴，历史条件或历史规律在这里展开，而且必须得到科学的理解；与此同时，协调一致的有针对性的人类行为创造性地塑造了历史的本质和方向。

臧峰宇：是的，任何表述都有其确定的含义，我们应理解其本义，而不应做过度解读。面对纷繁复杂的全球性问题，我们应着眼于人类共同的命运，摒弃零和博弈、丛林法则等陈旧的思维观念，为人类的未来开辟新的发展道路。改变人类的命运的观念，源自中国传统的大同思想；遵循历史规律和历史唯物主义原则，自觉塑造历史，符合世界各国人民的共同利益。

罗兰·博尔：现在让我们回到最后这个概念——“共同体”。我们如何翻译这个术语以及它的中文来源是什么？“共同”翻译为“common”或“shared”。在英语中，“共同”一词源于拉丁文“communis”。拉丁文词根“commun”为我们提供了一系列含义，包括协会、团契、伙伴关系和社群。它也是“共产主义”这个词的基础。我们可以看到一些词略有不同的联系，正如“communism”在中文中是“共产主义”。我们可以探索的另一个方面是，西方马克思主义者对“common”

这个词的重要分析。他们认为“共同”是什么意思？马克思和恩格斯对这个理解做出了怎样的贡献？这与“共同体”有什么关系？

臧峰宇：“共同体”不是中国传统固有的概念，这个词最早应该来自于马克思恩格斯经典著作的中文翻译。你知道，马克思在《1844年经济学哲学手稿》《德意志意识形态》《经济学手稿（1857—1858年）》等文本中用过这个概念。他分辨了“真实的共同体”和“虚假的共同体”，批判了“货币共同体”的拜物教本质，指出未来理想社会是“自由人的联合体”。你指出“共同”的拉丁文词源与“共产主义”这个词的关系，我觉得很有道理。在马克思看来，“共同体”在古代以血缘、语言和习惯为基础，在现代以契约和货币为纽带，或因物质匮乏，或因交往异化，存在很多不尽如人意的地方。所以，要建构一个未来理想的共同体。

罗兰·博尔：让我们做一些翻译研究，尤其是德文术语的翻译，它们被译成“共同体”“共同性”等。例如，在《关于费尔巴哈的提纲》和《德意志意识形态》中，我们发现，“Gemeinschaft”（共同体），具有和睦、团契和社群的意思；“Gemeinwesen”（共同体），作为一个政体或政治组织，具有更强的社群的意思；“Allgemeinheit”（共同性），意味着共性、普遍性和社群。值得注意的是，“Gemeinschaft”有时被译为集体。

臧峰宇： 我也注意到你提到的三个概念在中文里通常都被译成“共同体”，研究它们各自独特的意义是必要的。但我也注意到，当马克思使用“ Gemeinschaft ”这个词的时候，表达的不是与“ Gemeinwesen ”不同的意思，他对这些概念的使用往往与其阐释语境有关。对马克思“共同体”概念的理解有广狭之别，在广义上，对这些概念是可以做家族相似性理解的。所以，当“ Gemeinschaft ”有时被译为“集体”的时候，表达的也是相似的意思。

罗兰·博尔： 至于作为形容词（也是副词）的“Gemeinsam”，中文通常翻译为“共同”。这个德文词的意思是共同、一起、统一。“ Gemein ”这个词根有很多变化和合成词，例如，“ Gemeinschaftlich ”也被译为“共同”，但基本意思是相同的。对马克思和恩格斯来说，这种共同性不是作为一个既定概念出现的，而是随着人类在相互依赖中共同合作而产生的——“Gegenseitige”在德文中被译为“相互依存关系”(Abhängigkeit)。显然，对马克思和恩格斯来说，这是从“共产主义”演化而来的一个非常好的术语，但它与“ Human commonality ”或“人类共同体”的意思是重叠的。

然而，正如你所指出的，问题是共同体对人类并不总是有益的。马克思和恩格斯区分了虚假的或“虚幻的共同体”（Illusorische Gemeinschaft）和共产主义运动所追求的“真正的共同体”（ Wirklichen Gemeinschaft）。这两个词在中文中分别被译为“虚幻的集体”和“真实的集体”。

臧峰宇：是的，这种共同性不是一个既定的概念。建构共同体是人们的现实需要，无论是在以人的依赖为前提的社会，还是在以物的依赖为前提的社会，共同性都体现为人们的“相互依存关系”。当然，以往的共同体往往只对一部分成员有益，而不能说对整个人类有益，为此必须超越物质匮乏或交往异化的共同体。共产主义社会是“自由人的联合体”，物质财富极大丰富，社会产品按需分配，劳动成为人的第一需要。

人类命运共同体理念体现了马克思共同体思想的时代精神，我觉得这个理念站在了人类命运的制高点上。作为解决全球性问题的中国方案，它不仅是一种国际关系理论，对当今时代的社会建设也有普遍的启示意义。

二、人类命运共同体的现实价值

罗兰·博尔：这是在当前转向实际问题的一个极好的观点。正如你所指出的，人类命运共同体挑战了西方的零和博弈思路。零和博弈观念根植于西方文化的深处，对各国内部政治，例如资产阶级国家政党之间的激烈斗争，以及国际关系都产生了影响。零和博弈也被表述为“赢家通吃”，也就是说，如果我输了，你就赢了。在很多方面，它是西方矛盾观念的实际表达：只能二者选其一，是一个主导框架。黑格尔确实挑战了这个假设。你可以在更早的冷战思维中看到这一点，实际上这也表明旧的冷战思想和实践以西方的断裂和碎片化的方式得到恢复，我们知道世界正在发生变化，因此关于它的旧的假设也在发生变化。

臧峰宇：零和博弈体现了两极对立的思维方式。正如你所说，在这个思维框架中，二者的关系除了输赢之外，就没有别的，这仍然是霍布斯所谓“一切人反对一切人的战争”的翻版。我认为这是一种过时的思路，给人类的生活蒙上了一层阴影。黑格尔挑战了这个思路，提出了一种积极的辩证法。马克思将辩证法引入历史视域和实践生活，呈现了一种富有现实性和客观性的智慧。冷战沿袭了两极对立的思维方式，遗憾的是，在冷战结束的 20 多年里，零和博弈的陈旧观念仍然存在。但是，世界正在发生变化。全球性问题的复杂性表明，任何单一国家都不能解决世界历史中的难题，为此需要共赢与合作的思维。

罗兰·博尔：第一步是耐心地提出另一种对全球关系的看法。习近平一直鼓励中国人在国际上“讲好中国故事”。这意味着要仔细和耐心地解释，提供一种来自中国传统和马克思主义的综合框架作为替代方案，并一次次地讲出来。

臧峰宇：是的，中国已经走出了第一步，正在努力“讲好中国故事”。习近平总书记提出，要让世界知道“学术中的中国”“哲学社会科学中的中国”。你对中国问题的关注，我十分赞赏，你关于中国发展和国际关系的看法富有真知灼见。

罗兰·博尔：我们这个时代显而易见的一个特点是，世界上大多数国家都开始理解中国马克思主义关于人类命运共同体的思路。“一带一路”倡议发挥了作用，中非合作论坛、上海合作组织等发挥了作用。结果是其他国家看到了中国的行动思路，而不仅是理论思路。

臧峰宇：人类命运共同体理念得到世界上大多数国家的认同，它正在变成现实。“一带一路”沿线国家着眼于共同的利益，已经携手合作共创未来。它还具体表现为中非命运共同体、中欧命运共同体的理念与实践。在这个意义上，我认为它有益于人类的未来，是一个真正的共同体，一个符合时代发展要求的共同体。

罗兰·博尔：我认为重点是“一带一路”倡议，它是打造人类命运共同体的具体体现。在我看来，“一带一路”倡议最重要的问题包括：（1）与周恩来总理最初提出的“和平共处五项原则”的连续性之间的关系；（2）马克思主义对改善所有人的社会经济生活的基本需要的关注；（3）它如何在具体层面揭示“双赢”的真正含义；（4）是否有可能超越经济基础，将上层建筑，例如文化、哲学、意识形态等元素包括其中。

臧峰宇：是的，“一带一路”倡议与实践体现了人类命运共同体的现实性。我同意你的看法，它反映了马克思主义的基本关注，是对和平共处五项原则的当代遵循，是一项能够实现

“双赢”的倡议。此外，它与中国古代丝绸之路的历史经验有关。2 000 多年前，由张骞出使西域开辟的丝绸之路影响很大，促进了中国与沿线各国经济和文化的往来。后来，在历史上陆续拓展了草原丝绸之路和海上丝绸之路。这些商业与文明交往之路促进了东西方对话与交融，成为浓缩的世界史片段。

罗兰·博尔：从一个外国人的角度看，“一带一路”倡议最重要的特征是和平共处五项原则，这一特征具有重大的理论意义和实践意义。西方国家曾在全球范围内进行了广泛的殖民扩张，完全无视其他国家的主权。

臧峰宇：主权是国家的固有权利，主权国家的国际地位一律平等，这是国际社会的常识。《威斯特伐利亚和约》标志着一系列欧洲宗教战争的结束，也标志着欧洲国家对现代国家主权概念的认同。但殖民扩张打破了这种常识，“弱国无外交”，西方列强以各种理由侵犯弱国和小国主权的行为在近代史上十分常见。这种情况随着殖民地国家的独立和解放而得到改变。反对殖民者的统治，反对各种形式的殖民主义，早已成为曾做过殖民地或半殖民地国家的自觉意识。

罗兰·博尔：是的，当越来越多的殖民地国家在 20 世纪实现了解放和独立，它们接受了主权概念，并将其重新定义为反殖民的主权。如今，主权意味着一种拥有免于被他国殖民的权利，能够自主决定国家事务，其中领土完整是至关重要的。这些原则可在联合国《给予殖民地国家和人民独立宣言》中找到，它于 1960 年在联合国大会上获得通过。这段历史还有另一个转折：虽然中国直到 1971 年才恢复在联合国的合法席位，但恰恰是 20 世纪 50 年代初期和平共处五项原则的提出影响了联合国宣言。遵循和平共处五项原则是中国与世界各国签订的所有协议的基本特征，"一带一路"倡议也不例外。

臧峰宇：和平共处五项原则是周恩来总理 1953 年 12 月第一次提出的，得到中国、印度、缅甸政府共同倡导，为世界上绝大多数国家所接受。这项原则影响了联合国非殖民化宣言，推动了非殖民化机制的发展。正如你所说，在 20 世纪实现了解放和独立的国家所强调的主权概念内在地具有反殖民的意义。"一带一路"倡议充分依靠中国与沿线国家既有的双边和多边机制，在尊重各国主权的基础上，力图打造各国政治互信、经济融合、文化包容的命运共同体。这项倡议充分考虑到世界文化的多样性，切实推动政府间合作和各项民间合作，已经成为一种行之有效的国际合作平台。

罗兰·博尔："一带一路"倡议的第二个特点是，它以马克思主义的基本关注，即改善所有人的社会经济生活为依据。这需要解放生产力，这是邓小平在改革开放时特别强调的重点。关于这种马克思主义维度有很多话说，但令我感到惊讶的是，"一带一路"倡议是这种解放生产力的国际化，甚或全球化的一种形式。这并不是说其他国家应该简单地复制中国的做法，而是应该能以自己的方式和中国合作来解放生产力。

臧峰宇：解放和发展生产力是改革开放的重要特征，以此改善生产生活条件，不断满足人们对物质文化的需要。“一带一路”倡议确实体现了一种解放生产力的国际化形式。正如你所说，这不是建议做一种简单的复制，而是倡导各国在合作互助的氛围中促进共同的经济和文化繁荣。改革开放以来，中国一直向世界表达共同发展的良好愿望，愿意各国搭乘中国发展的列车。这符合马克思主义的世界历史理论，也体现了中国传统文化的时代精神。

罗兰·博尔：“一带一路”倡议的这一特点使它与其他形式的国际“援助”截然不同。这些“援助”往往采取金融救济的形式，以受援国在经济、政治和社会方面发生深刻变化为前提——换句话说，是对受援国的干涉。此外，以前的“援助”模式对改善社会经济状况的作用微乎其微，很少涉及基础设施和合作开发，因此这些以往的殖民地国家发现自己仍然贫穷。“一带一路”倡议提供了一种非常不同的方式，越来越受到有关国家的青睐。

臧峰宇：是的，“一带一路”倡议体现了一种平等的合作关系，与“援助”不同。其中有很多基础设施建设和合作开发项目，得到很多沿线国家的欢迎。我曾在埃及真切地感受到当地朋友对中非命运共同体的深刻理解。正如习近平总书记所说：“我们都把对方的发展视为自己的机遇，都在积极通过加强合作促进共同发展繁荣。”正是在“一带一路”建设中，人们对未来发展有了进一步憧憬。当然，也有些国家对此疑虑重重。

罗兰·博尔：第三点涉及“双赢”解决方案的重要思想和实践。对于许多西方人来说，这是一个难以理解的概念，尤其是在西方传统中，正如前面所说的，零和博弈是基础。作为一个外国人，我的问题是如何理解“双赢”。你能解释一下中国传统思想和习近平强调的内容吗？我提出这个问题，是因为你最近写了一本论习近平新时代中国特色社会主义思想的书。

臧峰宇：“双赢”理念更新了人们对交往关系的理解，交往双方并不都是输赢关系，那种习惯于将对方的发展视为一种潜在威胁的思路应当成为过去。零和博弈体现了西方观念，但这不是一个好游戏。我最近写了一本书《文化自信与文化繁荣兴盛》，对习近平总书记关于文化建设的重要论述做了初步研究。习近平总书记多次倡导各国相互合作、互利共赢。在和平共处五项原则发表60周年纪念大会上，他提出，“要积极树立双赢、多赢、共赢的新理念，摒弃你输我赢、赢者通吃的旧思维”。这种以“双赢”取代“零和”的思路符合中国传统文化的基本理念。

罗兰·博尔：最后一点涉及上层建筑。在经济基础层面，响应“一带一路”倡议是相对容易的。经济合作可以很好地发挥作用，因为商业就是商业。但是当我们处理文化、哲学和意识形态的问题时，问题就变得有点复杂了。除了与西欧文化有很多差异之外，中国文化与非洲文化、拉丁美洲文化等也有很多差异。你如何看待人类命运共同体可以在这个层面上相互学习？

臧峰宇：确实，上层建筑层面的问题比较复杂。今天，我们越来越深刻地认识到人类文化的多样性。实现各国文化在人类命运共同体层面上相互学习借鉴，首先要维护人类文化的多样性，尊重各国的文化，在此基础上促进不同文化互学互鉴。我们要在古今中外多重维度实现文化交融与对话，在比较哲学研究中探究一种面向未来的世界哲学。我想这也体现了构建人类命运共同体的哲学境界。

◎王义桅与马丁·阿尔布劳

中华人民共和国成立70周年之际关于“一带一路”倡议的对话

王义桅

中国人民大学欧盟“让·莫内讲席”教授，国际关系学院博士生导师，国际事务研究所所长，欧洲问题研究中心/欧盟研究中心研究员、主任，中国人民大学习近平新时代中国特色社会主义思想研究院副院长，国家发展与战略研究院、重阳金融研究院高级研究员，兼任教育部习近平新时代中国特色社会主义思想研究中心特约研究员，中联部当代世界研究中心特约研究员等。出版专著《读懂人类命运共同体》《十问“一带一路”》《王义桅讲“一带一路”故事》《大国担当》《再造中国：领导型国家的文明担当》《“一带一路”：中国崛起的天下担当》《世界是通的——“一带一路”的逻辑》《“一带一路”：机遇与挑战》《海殇？——欧洲文明启示录》等24部，译著《大国政治的悲剧》等3部；主编《中国北约研究丛书》（10卷本）、《全球视野下的中欧关系》。在《中国社会科学》《美国政治和社会科学学院年刊》等期刊发表论文260余篇，在《求是》《人民日报》《欧洲的世界》等国内外媒体发表时评1 100余篇。

马丁·阿尔布劳（Martin Albrow）

剑桥大学博士，曾任威尔士卡迪夫学院社会学教授、美国华盛顿伍德罗·威尔逊国际学者中心研究员、德国波恩大学Käte Hamburger研究中心高级研究员。现为英国社会科学院院士。研究领域包括社会理论、组织理论和马克斯·韦伯的思想，因在全球化方面的开创性工作而享誉国际。著作《全球时代：超越现代性的国家与社会》在1997年获得了欧洲阿马尔菲奖。其他作品包括：《官僚主义》《马克斯·韦伯的社会理论建构》《全球化，知识和社会》《机构有感情吗？》《社会学：基础知识》《全球公民社会年鉴》《中国在人类未来共享中的作用：全球领导理论》。

“一带一路”指的是丝绸之路经济带和21世纪海上丝绸之路。它有三个关键词。

第一个关键词是“21世纪”。“一带一路”倡议首先是综合铁路、公路、空中和海上航线、输油管道、输电线路和通信网络的互联网络，核心是政策沟通、设施联通、贸易畅通、资金融通、民心相通，生动地代表了21世纪的独特特征。

第二个关键词是“带”，指的是经济走廊和经济发展带，反映了中国改革开放的经验和模式。丝绸之路经济带的建设旨在通过开展更广泛的区域合作，促进所有相关领域的发展。

第三个关键词是“路”，含义更广泛。它在中国经典《道德经》中扮演着“道”的角色，认为“道”创造了我们所知道的一切。当今世界的“道”要求我们构建人类命运共同体。“一带一路”倡议是开放和包容的，便于每个人都可以做出贡献并分享利益。

“一带一路”是指通过中亚和西亚连接中国与欧洲的丝绸之路经济带，以及连接中国与东南亚、非洲和欧洲的21世纪海上丝绸之路。自6年前“一带一路”倡议提出以来，它已对世界产生了巨大影响。

关于“一带一路”倡议，以下将讨论10个具有代表性的问题。

一、“一带一路”倡议会导致环境退化吗？

马丁：所有经济发展都需要大自然的馈赠，并将其转化为人类使用的产品。自从第一个禁果被从智慧树上摘下以来，情况一直如此。

人与自然的关系是共生的。我们今天选择的苹果来自果园，如果没有人为干预，它们就不会存在。人类自己是我们赖以生存的环境演变的原动力，我们为之奋斗。不应认为大自然天性善良——自然灾害给人类带来巨大损失。

那么问题在于平衡。大家都知道，著名的环境运动人物、美国人亨利·梭罗，退回森林寻找自己，但他也称赞铁路的便利性，因为铁路从世界各个角落运送产品，给了他成为世界公民的感觉。他欣赏新铁路为社区带来的工作机会和生活节奏。他是互联互通的早期先知，便利的交通也促进了他的个人探险。

寻求经济发展与环境保护之间的平衡已成为国际社会主流共识。中国因帮助各国建设新的燃煤发电站而受到批评，但它可以恰当地指出其在太阳能应用方面的全球领先地位。在这方面，世界必须希望它能够带动其他国家。

王义桅：孔子说："己欲立而立人，己欲达而达人。"每个国家都有自己的发展需求，中国的"一带一路"倡议旨在帮助其他国家实现联合国2030年可持续发展议程确定的目标。资料显示，全球仍有10.6亿人用不上电。中国三位一体的"智能电网+特高压电网+清洁能源"的比较优势有助于在减少碳排放的同时照亮万家。

事实上，中国高度重视绿色发展。2019年4月25日，"一带一路"绿色发展国际联盟在北京正式成立，可以作为中外领导机构密切合作开展研究、就关键问题提出政策建议、促进国际对话的国际平台。

中国还明确承诺将绿色战略纳入"一带一路"倡议，发布《关于推进绿色"一带一路"建设的指导意见》和《"一带一路"生态环境保护合作规划》，这些文件描绘了可持续发展的愿景。

二、"一带一路"倡议是"债务帝国主义"的新形式吗？

马丁：威廉·莎士比亚在其戏剧《哈姆雷特》中塑造了一个睿智的老年皇室官员形象，这个官员说："既别放债，也别借债。因为钱借出去常常既丢钱又失朋友，而借钱进来又会滋养懒惰。”诚然，如果人们认为信贷和债务是资本主义固有的，那么西方从来就不是全心全意的资本主义者。在基督教的故事中，耶稣把放债人逐出寺庙。

撰写了鸿篇巨制《21 世纪资本论》的托马斯·皮凯蒂，被一些人拿来与先驱马克思对比，他认为，对资本所有者无须自己工作就可以获得回报这一观点，是一直有人持否定态度的。然而，他进一步指出苏联式试验在消除私人资本所有权方面的失败，证明了市场在“协调数百万人的行为”方面的有用性。

中国改革开放的经验已经成为学习如何控制资本市场以获得最大社会效益的经验之一。人们已经深刻认识到，资本代表了一种可以用于未来利益的贮藏手段，利益分配的方式决定社会的稳定程度。皮凯蒂指出，与欧洲国家相比，中国能够决定如何控制资本。

承认资本的基本性质，并对其加以控制，对于避免那种拒绝债务的粗暴道德主义至关重要。对于债务人和债权人而言，他们处于这样的一种社会关系中：每个人都对另一方有承诺，对借方和贷方的未来投资收益都有信心。

没有任何一方拥有道德上的优越感。我们已经看到欧盟的麻烦。这一麻烦起因在于一方（指德国）认为另一方（指希腊）无力管理债务是道德败坏的表现。借方赚取了利息，如果投资被证明不合理，他们也会受到另一方的牵连。

所有这一切都与对中国通过投资其他国家的基础设施、贷款建设铁路或部分拥有港口以在某种程度上建立一个帝国的指责相关。答案是，“一带一路”倡议依赖于以同等责任和对自身利益了解为基础的国家间交往，这是双赢计算的基础。

这些考虑均未排除马克思分析的一方拥有资本而另一方只拥有劳动力的那种剥削关系的可能性。但在当前世界国际关系体系中，承认国家主权是国家间关系能够在平等基础上运行的保证。

当多边机构在国家控制之外运行并对债务国附加影响其独立性、合法性的条件时，经济帝国主义的风险就会增大。国际货币基金组织在 20 世纪 90 年代对东南亚的处理方式已经说明了这一点。

自 2008 年金融危机以来，全球金融体系的改革几乎没有降低未来危机的风险，部分原因是人们未能认识到贷款和借款的道德等同性。如果人们仍认为，为了获得回报，坏账不可避免，不应受惩罚，那么风险就不会被充分考虑到公共政策中，不幸的受害者就会成为替罪羊。

在这方面，“一带一路”倡议就像任何投资一样，依赖债务国的交付，并易受其失败的影响。实际上，更重要的是，对所有参与“一带一路”建设的国家而言，互联互通本身取决于所有国家。链条中任何一环的失败都可能导致互联阻塞。在过去，英国的帝国主义经常引起对“白人的负担”的抱怨，这是一种拒绝承认帝国利益的方式。中国欢迎双赢，但也必须考虑到负担和“双输”的风险。正如皮凯蒂所言，中国在管理资本方面有很多优势。世界其他国家将依靠这些优势来取得“一带一路”倡议的成功。

王义桅：中国人常说：“授人以鱼，不如授人以渔。”西方人谈到对外援助时也常说：“给一个人一只鸡，他可以选择做鸡汤，或者他可以把鸡留下来，收集鸡蛋，饲养更多的鸡，从而得到更多的鸡蛋，还有鸡汤。”“一带一路”倡议将给参与国经济发展带来越来越多的好处。

“一带一路”倡议在促进相关国家经济增长时尊重其独立自主地位。正如在中国融资的成功案例表明，“一带一路”倡议正在促进债务国偿还过去产生的债务，而不是造成“债务陷阱”。

“要致富，先修路；要快富，修高速；要闪富，通网路；要共富，先通路。”这样的口号激励很多发展中国家参与“一带一路”倡议。

中国政府已经注意到对一些参与国陷入所谓“债务陷阱”的批评。2019 年 4 月，外交部中阿合作论坛事务大使李成文在出席 2019 世界经济论坛中东北非峰会时，驳斥了“债务陷阱”的不实指责，认为中国正在寻求避免“债务陷阱”的机制，还指出，没有参与国抱怨陷入所谓的中国“债务陷阱”。

李成文大使的言论得到许多与会者的赞同。一位巴基斯坦官员指出："如果你把自身利益放在第一位，你就不会发现中国是一个不公平的伙伴……但这取决于你努力的程度。"

三、"一带一路"倡议可以透明吗？

马丁： 自 20 世纪 90 年代全球经济危机以来，对经济政策更高透明度的强调被誉为经济避免重蹈覆辙的重要原因。尽管如此，危机仍然重演，尤其是在 2008 年，提高透明度的需求与日俱增。

面对这一明显的悖论，人们可能会怀疑透明度是助推而不是抑制危机。这并不那么简单，但检查所涉及的动态过程富有教育意义。不言自明的是，当人们对市场条件、客户和竞争对手有更深入的了解时，各种代理人、个人、公司或政府的经济决策都会得到改善。人们还需要了解并依赖执行管理经济活动的法规。

1945 年中国成为国际货币基金组织的创始成员国，在改革开放的 40 多年里，中国一直在提高在其中的地位，是国际经济秩序的主要维护者。通过执行向陷入困境的经济体提供贷款的原则，国际货币基金组织一直是经济全球化的关键角色。用它自己的话来说："国际货币基金组织已制定政策，确保将有意义和准确的信息实时提供给全球受众。"

市场经济中，对政策和他人的计划有更多了解，永远是一项优势。拥有公平竞争环境是一回事，每个人都知道共同规则，但与其他参与者分享你赢得优势的计划则是另一回事。此外，商业机密、官方机密、知识产权、专利和个人隐私权等各种规则和惯例都应受到尊重。

个人、企业和政府之间的关系涉及管理透明度和保密性之间错综复杂的平衡，这种平衡一直在变化。不断创建新的所有权和投资形式，以避免出现支配国家经济中现有信贷形式的规则。经济主体试图避开透明度限制的另一个关键领域是在民族国家的边界之外。这反过来又成为经济全球化、追求境外利润和逃避国家税收的主要因素。在全球化经济中，政府是利用主权财富基金在海外获利的理性代理人。

在两个主要方面，“一带一路”倡议将受到透明度的挑战。一是中国公认的保持国家与企业之间密切联系的政策。二是中国庞大的主权财富规模及其从国家所有权中获得的自主权使其在与外国投资者的竞争中具有优势。如果要成为全球经济不可分割的一部分，“一带一路”倡议必须对这些挑战做出适当的反应。此前曾有先例。“一带一路”倡议既需要双边协议，也需要多边协议。经合组织和国际货币基金组织等主要多边机构已为其成员制定了多边监督机制。

如果要保持合作伙伴的信心，赢得国际社会更广泛的尊重，“一带一路”倡议需要开展类似的监督。

王义桅：从双边合作到多边合作，“一带一路”倡议将提高透明度作为内容之一，确保其对国际社会更加透明。

在 2019 年 4 月 26 日的第二届“一带一路”国际合作高峰论坛开幕式上，中国国家主席习近平郑重提出：“坚持一切合作都在阳光下运作，共同以零容忍态度打击腐败。”

没有单一的主导者，只有平等的参与者；没有任何暗箱操作，只有开放性和透明度；没有“赢者通吃”，只有互利共赢。中国希望建立一个机制，让参与项目的国家受到国际协定和标准的约束。例如，有些国家认为，由于中国如此富裕，他们应该从中榨取每一分钱。为了阻止这种情况，北京需要在第三方市场与发达国家合作，正如现在与瑞士在项目设计和建设中的评估、监督、仲裁等方面的合作一样。

四、“一带一路”倡议只是一项地缘政治战略吗？

马丁：西方的批评者很容易将“一带一路”倡议视为巩固中国作为全球大国地位的战略。因此，至少在美国，这是担忧“一带一路”倡议的主要原因之一。

事实上，中国的地缘政治力量已经并将继续增长，但这并不是“一带一路”倡议的主要目的，正如我从中国方面的表态和“一带一路”建设已经完成的项目中了解到的那样。

中国的利益可以通过增加繁荣来实现，这种繁荣将惠及邻近地区乃至更广泛的世界。此外，这还有利于不同文化和平交流，增进相互了解。

矛盾的是，中国外交政策的和谐理念在西方备受质疑。从现实主义的角度来看，如果和谐增加中国的力量，如果“一带一路”倡议中的那些国家与中国实现建设性的合作，那么和谐本身必然被西方某些国家视为潜在敌人手中的武器！

幸运的是，现实主义并不是西方各国外交政策中唯一的观点。“分而治之”可能是一种这样的策略：往往只实现其目标的一半，即成功造成分裂但未能实现统治。中国需要认识到，西方政治制度的多元化总是允许对中国有不同看法，并导致国家政策方向的内部冲突和犹豫不决。

中国需要接触西方的那些能够认识到人类在和平与合作上有共同利益并且不把和谐视为威胁的人，他们确实存在。那些致力于和平与和解战略的人在南非、北爱尔兰和巴尔干半岛等不同背景下取得了显著成就，当然欧盟本身也是一个实现国家间和谐的组织。

在这些案例中，没有一个人可以说实现和平的工作已经完成。创造人类美好未来是一项持续的任务，我们希望将之传递给后代。“一带一路”倡议是一条永无止境的道路。

王义桅：为了构建人类命运共同体，以互联互通为主题的“一带一路”倡议旨在实现全球和平、安全与繁荣，同时也面临一些严峻挑战。对“一带一路”倡议的误读有多种原因，尤其在于“一带一路”倡议反映了中国和合文化超越了西方的分裂和统治文化。“一带一路”倡议是地缘经济和地缘文明，而不是地缘政治战略。

许多观察家认为“一带一路”倡议是对美国印太战略的反击，这些人遵循的是冷战思维。“一带一路”倡议不限于丝绸之路沿线国家的联合建设，它还涵盖其他相关国家。合作项目可能位于沿线国家，但标准、规则、资金、技术和人才是全球性的。美国公司、公民和货币已大量参与“一带一路”建设，亚洲基础设施投资银行（AIIB）使用美元。因此，美国是一个与“一带一路”倡议有关的国家，也是事实上的参与者。由于其国际地位和承担的国际责任，美国是世界上所有国家的“邻国”。中国的智慧意味着它不会也不能排除美国。“一带一路”倡议是中国基于开放性的总体战略：促进现行经济发展模式的转变，以鼓励有抱负的新全球市场实现全球化。从部分全球化到包容性全球化，这将为美国和西方带来新的机遇。

五、“一带一路”倡议是否忽视了社会责任？

马丁：“一带一路”倡议为西方提出了另一个关于中国社会责任理念的悖论。西方对中国特色社会主义的理解主要基于两种长期存在的刻板印象：共产主义是一个控制所有个人行为以实现更广泛社会目标的体系；在中国文化中，维护社会关系优先于个人的愿望。

当中国人到了其他国家时，就会出现悖论。因为他们对同胞的义务倾向于排除与东道主建立联系。随后，中国“飞地”的发展经常与周围社区产生紧张关系。在过去的早期开发项目中，中国工人来来往往，只留下他们的劳动成果。

随后出现的指责是，中国的发展项目不能满足其工作所依赖的社区的更广泛需求，是不负责任的。从中方来看，这一指责很难理解，因为中国人是很重视社会责任的。

在西方，情况有所不同。资本主义的本质使公司实体对股东而不是对更广泛的社会负有全部责任。在社会责任方面存在争议，这在关于公司权力的政治辩论中备受瞩目，也扩展到跨国公司的活动。1984 年印度博帕尔联合碳化物爆炸事件造成的悲惨和可耻后果，通常被认为是世界上最严重的工业灾难，使得在国外经营的公司的责任成为受到持久关注的焦点。

在西方人不断渲染下，你会发现“一带一路”倡议将面临关于其对社区影响的严格审查。在某种程度上，你可以预料到西方自己对社会责任的不安，被顶替并映射于中国——这减轻了内疚！

与所有这些基本上是集体心理学方面的现象一样，中国所能做的就是通过提供援助建设社区设施，如医院、体育馆和敬老院，来展示对“一带一路”倡议所涉地方的特别关注。在这方面，中国确实具有尊老的悠久传统优势。行胜于言。

王义桅：不雇用当地工人？当地的工资只有中国的三分之一，为什么不聘请当地工人呢？因为培训他们需要时间。中国企业正在学习履行社会责任，例如，建立医院、学校，并在他们正在建设的港口周围提供公共产品。工业园区的社会功能和服务越来越多。

根据国务院国有资产监督管理委员会和中国社会科学院共同出版的行业报告，90%以上的中央企业优先考虑为员工提供当地法律制度培训，大约74%的中央国有企业在当地进行环境保护方面的培训，68%的中央国有企业采取了其他措施来加强员工对节能、减排和生态栖息地保护的意识。

例如，中国电力建设集团有限公司是为加强与当地社区关系而努力的央企之一，该公司帮助改造了乌干达卡鲁玛当地的教堂、学校、道路和许多其他基础设施，并在那里建了一座水电站。

六、“一带一路”倡议是否加剧了政权腐败？

马丁：只根据新闻报道，很难判断腐败是否更加严重。媒体放大政治决策问题以反对腐败，这将使公众感觉腐败正在增加。这甚至可能导致西方社会学家所谓的道德恐慌，因为对问题的关注与其发生概率的任何增加都非常不成比例。

关于“一带一路”建设中的腐败问题，双边的国家间协议、多边的国家间协调都需要全面管理，需要保持最大透明度以避免争议和不平等待遇。

每个参与者彼此依赖，各方都有良好的行为时，会有额外收益。“一带一路”倡议远非加剧腐败，它可能是为在发展项目中传播良好做法而设计的最佳方法。

王义桅：“一带一路”倡议强调廉洁丝绸之路。2019 年 4 月，“一带一路”国际合作高峰论坛廉洁丝绸之路分论坛发起《廉洁丝绸之路北京倡议》，呼吁各方加强对“一带一路”合作项目的监督管理，规范公共资源交易，在项目招投标、施工建设、运营管理等过程中严格遵守相关法律法规，努力消除权力寻租空间，打造规范化、法治化营商环境。

另据 2019 年 4 月 22 日发布的《共建“一带一路”倡议：进展、贡献与展望》，各国应加强反腐败国际交流合作，以《联合国反腐败公约》等国际公约和相关双边条约为基础开展司法执法合作，推进双边引渡条约、司法协助协定的签订与履行，构筑更加紧密便捷的司法执法合作网络。各国必须推动企业加强自律意识，构建合规管理体系，培育廉洁文化，防控廉洁风险，坚决抵制商业贿赂行为。

七、“一带一路”倡议是“新殖民主义”的另一种实践吗？

马丁：新殖民主义一直是西方左翼评论家最喜欢发出的指

责，包括西方国家的让·保罗·萨特和诺姆·乔姆斯基，他们认为，新殖民主义实践包括利用贸易、援助、政治教育、技术支持和文化活动以促使发展中国家依赖捐助国。

旧殖民主义依靠驻扎在某国领土内的部队和官员来监督当地的政治结构，有时建立外籍人士共同体，实际上创建一个附庸国，甚至将其并入殖民地。

新殖民主义意味着远距离的控制、获取收入的能力以及强加的政治要求，而不占领国土或提出任何统治要求。

自 1945 年以来，摆脱殖民国家控制的国家的领导人经常援引新殖民主义，并指控以前的占领者保持秘密控制或试图颠覆新政权。非洲尤其如此，与亚洲或拉丁美洲相比，除殖民地外，政权几乎没有建国经验。此后，中国在新兴国家的公共政策中尤为成功，自 2009 年以来已成为非洲最大的贸易伙伴。

中国在非洲取得的成功并没有使其对外关系免受“新殖民主义”的指责，但在透明度如此的情况下，西方插手其前殖民地事务的做法极具争议性，这将人们的注意力从中国转移开。西方左翼评论家仍然关注前殖民地国家，而右翼评论家几乎没有可信度。

当然，中国在耻辱的一个世纪中，对旧殖民主义的含义有惨痛的体验，并通过自己的努力避免了新形式的殖民主义。与此同时，中国自身的历史经验使它具备了足够深远的眼光，能够识破花言巧语，并发现剥削行为。鉴于“一带一路”倡议的规模、范围和多边性质，为数众多的平等伙伴国家应该相互提供额外的保护，以防止新殖民主义。

布雷顿森林国际金融体系按国家 / 地区运作的方法允许外国以各种形式参与，在这方面容易受到利用当地条件乃至腐败做法的影响。如果中国对自己遭受的“新殖民主义”指责持开放态度，那么“一带一路”倡议的落实方式肯定会使其免受任何严厉批评。

王义桅： 帮助非洲国家成为贸易、金融和运输的区域中心，实现工业化和去殖民化，是“一带一路”倡议的关键。例如，肯尼亚交通与基础建设部部长称，蒙内铁路会为非洲沿线国家带来 2.5％的经济增长。

中国帮助非洲实现了工业化，十几年来取得的成就超过了几百年来西方殖民统治的结果。除了通过建设高速铁路、高速公路、区域航空公司以及工业化网络分享实现现代化的经验外，中国还参与了增进非洲人民福祉的项目。

西方认为，中国已采用“一带一路”倡议输出中国模式。这是一个很大的误解。中国模式也可称为中国发展模式。它以问题为导向，其核心是形成有效的政府和市场的关系，从而利用“看不见的手”和“看得见的手”来创造和培育市场。最终，既要使市场在资源配置中起决定性作用，又要更好发挥政府作用。这为那些尚未充分发展市场经济的国家提供了新的选择，并能克服西方自由市场模式难以克服的弊病（如市场失灵、错位和扭曲)。例如,“要想富,先修路”,但是,发展中国家没有资金建设道路,也无法从国际市场融资,这意味着它们无法实现工业化。这是一个恶性循环。为实现双赢,中国通过资产抵押和开发区建设为这些发展中国家提供资金,资助其道路建设,而中国企业则在这些国家开展长期业务。这是“一带一路”倡议的常见做法。如果市场规则像有些人宣称的那么有效,为什么世界上仍有近 11 亿人缺电?改革开放以来,中国已经使 7 亿多人摆脱了贫困,对全球减贫贡献率超过 70%,无可否认地证明了中国模式行之有效。

八、“一带一路”倡议是“中国版的马歇尔计划”吗?

马丁:基于一些错误的假设,国外有些人对“一带一路”倡议提出批评,说它是“中国版的马歇尔计划”。人们似乎普遍误解了马歇尔计划的含义。这是美国仓促准备的权宜之计,以应对苏联与西欧盟友之间快速加重的对峙。

该计划于 1948 年 4 月由杜鲁门总统启动,实施对象是在第二次世界大战中与德国作战并且仍然在苏联控制之外的欧洲诸国(以及土耳其)。但在接下来几年的援助中,联邦德国成为约 130 亿美元援助的主要受益者,其领土被美国、英国和法国军队占领。

官方名称为“欧洲复兴计划”,其背后的想法是维护苏联控制之外的国家对西方代议制民主制度的承诺，并通过在毁灭性战争后协助重建经济来保障其社会稳定。

但是，地缘政治目标至关重要，在苏联和西方大国之间正在形成的对抗中，这一计划只有在北大西洋公约组织（北约）周围迅速发展的安全利益的背景下才能理解。

今天关于马歇尔计划的一般结论是，它成功地实现了目标，并使西欧一直沿着最终建立了欧盟的方向发展。在美国的领导下，北约仍然是一个独特的军事联盟，而欧盟没有成功地发展出独特的防务功能，尽管这是那些希望减少对美国依赖的领导人的愿望。

平行比较“一带一路”倡议与马歇尔计划非常具有误导性。首先，后者的有关国家位于欧亚大陆的一个小角落，实际上是西方资本主义国家和苏联及东欧社会主义国家之间对抗的前线。马歇尔计划促进了这些国家经济的复苏，阻止了苏联的扩张。这是美苏两个大国之间的对抗性竞赛，双方都有自己的从属国。

“一带一路”倡议不是两个竞争对手之间竞争的一部分。它对意大利、俄罗斯、缅甸、孟加拉国都开放。其互联互通指导原则没有固有的局限性，世界和平与繁荣是首要目标，不对其地域和时间施加任何限制。

与“一带一路”倡议真正具有可比性的计划是 20 世纪下半叶西方各国的发展计划，其名称类似于“现代化”。这些计划主要是在 1944 年成立的世界银行集团机构的主持下进行的，由国际复兴开发银行（世界银行）和国际开发协会牵头。这些机构是全球发展计划的有效引领者和协调者，拥有巨大的、联系紧密的发展项目网络，拥有国际化的专业工作者团体。

对“一带一路”倡议与联合国提出的可持续发展目标进行比较更有启发性。与绝大多数发展计划一样，“一带一路”建设依赖民族国家作为运营基础和报告单位。到目前为止，“一带一路”倡议的参与国，其成功之处体现在基础设施互联互通、贸易和文化交流方面。“一带一路”倡议不是在民族国家之间建立等级秩序。

王义桅：“一带一路”倡议是为了相互连接，不是为了分裂和统治。这是经济合作而非意识形态博弈。西方人不了解“一带一路”倡议，缺乏正确的历史观点，因为他们只是将其与西方的例子（如马歇尔计划）进行比较。

中国正在努力通过和平合作解决产能过剩的问题，而不是像日本和德国那样通过发动第二次世界大战来解决。中国借鉴日本政府开发援助（ODA）和新加坡工业园区两种模式并取得了成功。

在进行必要的竞争时寻求合作。竞争是为了团结，而不是为了进行口水战或发泄愤怒。必须强调的是，“一带一路”倡议将加速全球资本向基础设施和实体经济流动，从而可以控制并有效利用热钱，盲目投资将转化为以结果为导向的投资。

通过帮助欧洲经济复苏，马歇尔计划将欧洲变成了美国与苏联对抗的重要工具。该计划还使美国能够控制和占领欧洲市场。马歇尔计划具有严格的政治条件，欧洲所有亲苏联国家都被排除在外。美国甚至为盟国参与该计划制定了标准和规则，让援助接受国别无选择，只能完全遵守。我们可以说马歇尔计划承担了稳定欧洲以对抗苏联的战略任务。

“一带一路”倡议是有关国家之间合作的平台。作为中国向国际社会提供的公共产品，“一带一路”倡议强调共商共建共享的原则，倡导一套新的国际关系规则，并提出21世纪的区域合作模式。“一带一路”倡议建立在互利合作的基础上，呼吁有关国家进行平等、友好的经济文化交流，实现共同发展。

在第二次世界大战后的一段特殊历史时期里，马歇尔计划在稳定欧洲局势和恢复欧洲经济方面发挥了作用，但其为美国霸权铺平道路的动机显而易见。现在，冷战已经远远落后于时代，中国的“一带一路”倡议摒弃了过去的冷战思维和零和心态。为了应对和平、发展、合作和互利的新趋势，它在内容和意义方面都超越了马歇尔计划。因此，历史或事实都表明，“一带一路”倡议绝不是什么“中国版的马歇尔计划”。

九、开发过程中的规则和目标是什么？

马丁：在西方，有一个根深蒂固的假设，即目标是个人的产物，而规则是由政府制定的。这与公认的西方个人主义密切相关。

然而，在实践中，20 世纪早期的情况以复杂的方式呈现出不同。随着公司资本主义的发展，大型组织（包括国家）设定了越来越多的目标，规则是由跨越组织和国家边界的个人、专业和流程的组合发展而来的。

规则制定的合法性不是来自单一国家的立法权威，而是来自多个利益相关者对知识的接受，以及独立规则制定机构对专业知识的获取。规则遵循目标导向，而不是相反。

从规则制定过程和目标导向活动的角度，我们可以了解“一带一路”倡议在经济发展中的特殊地位。在国际金融机构的运行中，遵循规则的要求优先于目标的制定。这些机构在 20 世纪 90 年代倡导所谓“华盛顿共识”，要求各国申请贷款，以便在被认为有资格获得支持之前遵循一套精确的处方。

即使目标如可持续发展目标，成为国际社会共识的一部分，对活动起支配作用的目标，仍是由初始规则决定的。在“一带一路”倡议的规则中，普遍接受的技术标准独立于目标。

就像最初的丝绸之路一样，“一带一路”倡议是一次探索之旅，合作伙伴在新项目的合作中产生了新的共识，新的规则、程序和产品。没有自上而下的强加模式，唯一的要求是愿意共同努力实现只有通过合作才能实现的共同目标。“一带一路”倡议合作的目标导向是将古老的智慧用于新目标，对支撑西方资本主义发展模式的假设形成挑战。

王义桅：当然，但这是谁的规则？我们需要协调不同的规则以适应东道国的当地条件。发展是解决所有其他问题的关键。但是对于可持续发展而言，我们需要共建共治共享。

“一带一路”倡议强调企业的主体地位，以及市场运营、政府服务，并遵守国际标准。那么为什么西方人认为“一带一路”倡议仅由中国政府项目组成？这是因为“一带一路”初始路线沿线国家的国情，以及基础设施建设本身的特殊性。在“一带一路”六大经济走廊沿线的65个国家中，其中8个是最不发达国家，16个不是世贸组织成员，24个国家的人类发展指数低于世界平均水平。如何将欧盟倡导的高标准市场原则应用于所有国家？这就像是一个孩子和一个专业跑步者之间的竞赛。从这个角度来看，这样的要求与现实脱节。

中国认为，发展是解决所有问题的关键。规则当然很重要，但它们应该经历逐步形成和成熟的过程。中国市场改革探索的国家指导经济发展模式补齐了“一带一路”沿线国家的发展短板。最初的意义是为这些国家带来基础设施建设的发展。通过“取蛋而不杀鸡”，它们的独立发展能力将得到提升。与此同时，“一带一路”倡议将有助于培育新市场。中国的改革开放首先在沿海地区进行试点，然后在内陆地区进行推广，因而作为经济中心的城市能够推动整个中国的改革开放。现在，为了彻底摆脱贫困，“一带一路”倡议希望通过建设互联基础设施（港口、城市、铁路、公路、贸易路线等）来发展非洲市场，以便非洲能够获得内生的发展动力，形成经济开发区，实现工业化和农业现代化。完全依靠市场就像把孩子扔进大海——我们都可以想象结果。通过开发区，中国更喜欢让孩子们在跳入大海之前学会在游泳池里游泳。这是“一带一路”倡议的方式。

十、中国自行其是？

马丁：“一带一路”倡议与西方发展模式之间的差异说明人们关于生活和人类在世界上的地位的一般观点存在根本差异。它们之间的差异长期以来一直引起学者们的反思，他们认识到与视野局限于一种文化内部相比，文化之间的对比能够获得更加深刻的见解。

作为 20 世纪初伟大的知识分子之一，马克斯·韦伯从西方的角度对中国文化进行经典描述，坚持认为传统的仪式和巫术信仰阻碍了源自东方的资本主义，但是，资本主义一旦在西方建立，就会受到热烈欢迎。

法国学者弗朗索瓦·于连（François Jullien）指出了中国道路探索的合理性，即行动在不断努力中寻求最佳结果，而不是预先给定目标的约束。这是合理性，但不是预先设定、结束意味的那种。

目标导向的中国方式体现了中国人寻求实现价值和潜能的决心，以及在特定条件下寻求理想结果的务实主义态度。中国人对事态做出反应，不是作为障碍和干扰采取既定行动，而是作为未来行动方针的指南，它意味着改变和机会。从经济学角度来看，这揭示了偏好的重要性。从哲学角度看，这是一种实用主义，美国著名哲学家、教育家约翰·杜威乐于发现在中国思想中如此突出的取向。

观点分歧不等于文化鸿沟。应将文化融合在一起，就像文化交流的历史所展现的那样。这正是“一带一路”倡议发挥作用的独特文化特征，它强调互联互通和增长潜力，使其成为一个全新的发展模式，与扭曲的西方全球化思想形成鲜明对比。其他国家应该欢迎这种新发展模式的独特性。

王义桅：历史证明，以任何一方为中心的辐辏秩序都是不可能的。协调中国的规范/法律、东道国的规范/法律和国际规范/法律是非常重要的。

亚洲基础设施投资银行使用美元，并致力于高标准的精益、绿色和廉洁。此外，必须承认，在一些国家和项目中，西方的高标准无法实现是很正常的。西方高标准给当地社区带来了什么？通过发展融资和工业区建设，中国一直在创造和培育其他发展中国家的市场，最终将帮助它们在国际市场上获得融资并遵守国际规则。

中国的投资已经解决了西方难以解决的“先有鸡还是先有

蛋”的问题。它帮助“一带一路”沿线国家获得必要的发展资本，为未来与发达国家的合作奠定了基础。

“一带一路”倡议是人类创新的伟大典范，跨越了传统的“创新陷阱”。美式节约劳力和欧式节约资源的创新，破坏了南方国家在低成本制造中的比较优势，从而形成了“创新陷阱”。富者愈富，贫者愈贫；有增长但没有就业。“一带一路”倡议对基础设施互联互通的关注有助于引导西方投资实体经济，而不是继续创造金融泡沫。“一带一路”倡议推动包容性创新，超越传统的大国博弈竞争，旨在构建人类命运共同体，为全球治理提供中国方案。

◎韩震与卡林·罗马诺

中国哲学、中国文化与马克思主义

韩震

哲学博士，教授，博士生导师。现任北京师范大学学术委员会主任、教材研究院院长、哲学思维与发展战略研究中心主任，马克思主义理论研究和建设工程咨询委员会委员，国家教材委员会委员，第十届国家督学，教育部社会科学委员会哲学学部委员，*Frontiers of Philosophy in China* 主编。曾任北京外国语大学党委书记、校长，北京师范大学副校长。主要著作有《西方历史哲学导论》《生成的存在：关于人和社会的哲学思考》《重建理性主义信念》《社会主义核心价值观五讲》《社会主义核心价值观新论》等，主编《社会主义核心价值观・关键词丛书》(中文版、英文版各 12 卷)，译著有《自我的根源》(合译)、《历史与转义：隐喻的兴衰》等。著作多次入选中宣部年度主题出版物，多次荣获教育部、北京市哲学社会科学优秀成果奖。

卡林・罗马诺（Carlin Romano）

曾获普林斯顿大学哲学学士学位、耶鲁大学哲学硕士学位、哥伦比亚大学法学博士学位，现就职于宾夕法尼亚大学和尤西纽斯学院，主要讲授哲学和媒体理论。曾就职于《费城问询者报》，并为《华尔街日报》和《纽约客》等媒体撰稿。2005 年获普利策文艺批评提名奖。专著有 *America the Philosophical* 等。

卡林·罗马诺：有些研究西方哲学的人觉得中国哲学并不是严格意义上的哲学，更像是一种宗教体系或者思想体系。您如何看待东方哲学和西方哲学之间的关系？两者是否差别很大，以致无法很好地沟通？

韩震：作为学科的中国哲学是在西方的影响下确立的。也就是说，在欧美现代化社会建立起来以后“西学东渐”，在“东渐”的过程当中，现代学科意识影响了中国，中国也按照西方传来的方式开始对宇宙、人生、社会的基本规律进行考察，结果发现，无论是老子、孔子，或是庄子，他们都有西方所说的哲学思想。中国过去没有严格意义上的哲学学科，但有哲人、哲学思想甚至哲学体系。西方最早把哲人的聪明和智慧联系在一起的是希腊，欧美哲学的起点就是希腊。“哲学”一词出自古希腊文，其字根的意思就是“智慧”。而在中国，我们最早看到的哲学家就是常说的“圣人”，从这个意义上双方确实有共同点。

卡林·罗马诺：我读了一些哲学方面的文章，发现很多西方的哲学家对于东方的哲学家有偏见。他们认为东方的哲学家并不会相互争论或者思辨，往往只是讲故事，所以他们觉得中国哲学并不是真正意义上的哲学。但是在读到孟子的书的时候，我发现孟子经常说“如果……就……”，其实这就是一种思辨话语模式。您如何看待呢？

韩震：我认为，这种误读是存在的，但误读也是相互的。也就是说，东西方哲学实际上都是为了探讨宇宙的奥秘和人生的真谛，但方法上存在差别，表现形态各异。比如说，中国哲学更多地是从整体的、有机的、互相关联的角度看问题，整体是有生命的。就像中医一样，并非“头痛医头、脚痛医脚”，可能头疼反而需要从脚开始检查治疗，从整体上考察。从本体上来说，中国说“道可道，非常道”，也就是说真正的“道”是没有办法被分开看的，把它分开看，它就是死的，作为整体看它才有生命。《庄子》中有一个寓言故事叫《混沌之死》，说混沌本来是没有七窍的，是一个整体，但当它得到眼睛、鼻子等七窍后，混沌反而死了。西方哲学从一开始就从分析的角度去看问题，从一开始就找一种“始基”。比如说水是万物的“始基”：万物都可以还原归于水，水变成了万物，万物再复归于水。中国更多地是从整体去看问题，也就是说想从有生命的角度理解这个世界；西方也有整体，比如黑格尔，但是黑格尔是把它作为历史阶段来看待。所以说，双方想达到的目的可能是一样的，但是方法确实有微妙的差别。

卡林·罗马诺：我本人是哲学家，也是一个记者，我对“哲学如何从宏观的层面反哺整个社会、反哺普通人的生活”很感兴趣。您是如何把哲学和普通生活整合在一起的？西方世界也观察到，习近平总书记现在非常强调儒家文化向中国社会的回归，认为习总书记是为了平衡三种思潮，即伴随资本主义影响及市场化进程的重商主义思潮，儒家文化，共产党最根本的马克思主义原则。您是否认为这是一个非常大的挑战？又该如何将三种思潮进行有机整合呢？

韩震：中国文明从起源开始就注重自己的历史。近期有新闻报道说，湖州发现了 4 000 年前的丝绸，说明丝绸 4 000 年前就已经进入了人们的日常生活。另外，陕西发掘出土了一些陶器，据推测距今 4 000 ～ 5 000 年。陶器上的文字中就有“尧”字，说明当时尧的传说是有根据的。这些发现，虽然还没有完全成定论，但是可以肯定地说，中华文明一直在这块辽阔的土地上生息，尤其是有了文字之后，就一直有着记载历史的传统，注重历史的传承。

中国文化有着祖宗崇拜的传统，中国哲学与此也有关系。中国讲究人伦，但并不是说必须要分清根基到底在哪、起点究竟在何处，更多地是讲求对关系的思考，强调的是历史的延续、历史的绵延、历史的谱系。历史不是线性发展的，而是有许多偶然性纠结的、错综复杂的过程。中国人习惯于从历史中寻找智慧。回顾中国历史可以看出，尽管朝代更迭，但新的朝代总会给前一个朝代修史。中华民国成立后要修清史，但因为中华民国历史比较短，清史基本上没有完成。中华人民共和国成立后，既修清史，也修民国史。这是中国的历史文化的传统。

此外，中国人观念中并没有一个西方“上帝”那样的概念。中国古代有“天”“帝”等概念，也曾经出过“皇天”“上帝”这样的词，但是其内涵与西方的“上帝”截然不同。在西方，“上帝”是人类的创造者。而在中国，“天”也好，“帝”也罢，实际上是一种统治关系的象征，与民众有着互动的关系，仅此而已，但又非常微妙。因此，中国历来重视从历史传统当中寻找治国理政之道，寻找生活价值、生活原则、生活意义等。

卡林 · 罗马诺： 那是不是可以理解成现在中国强调传统文化回归，不仅仅是强调儒家文化的回归，也包括佛家文化、道家文化？是不是这三种文化中都有一些值得汲取的因子？

韩震： 原则上是如此的，但最根本的还是儒家。儒释道的并存说明中国文化并不是必须寻求一种“绝对真”“绝对好”的文化，“绝对真”“绝对好”仅仅是一个臆断。这恰恰就体现出中国精神文化传统中和而不同的包容精神。比如，在岳麓山山脚下有儒家修行的岳麓书院，半山腰则有佛教的寺庙，到山顶则建有道观，三种文化并存于一山。在这个意义上说，中国是尊重历史、包容差异的。但是，通过文艺复兴、启蒙运动以及工业革命，西方和其他文化发生了一种断裂式的革命。这对中国来说也是3 000年未有之大变局，对中国也提出了很大的挑战：既感受到威胁，也由此而逐渐觉醒。因为中国在这个断裂过程中，无论是自觉还是被动，就开始向西方学习了，也就是“师夷长技以制夷”。“西学”实际包括很多方法，从康有为、梁启超，到洋务运动，再到孙中山，都在向西方学习。最后为什么马克思主义在中国取得成功呢？首先，马克思主义是“为人民群众即弱势群体求解放”的思想。当时的中国是国际社会的弱势群体，是被剥削侵略的国家。无论是从国家的角度，还是从民族的角度，作为一种解放的哲学，它更容易被中国人接受。其次，从思想原则上来讲，马克思主义不是许诺未来的天堂，而是要在现实中改造世界，建立一个理想、完善的社会。而儒家讲求“敬鬼神而远之”，讲究在现实社会中保持人文的和谐，保持天人合一。从这个意义上看，二者是相通的。儒家强调实践，主张人要靠自我“修身齐家治国平天下”，事情无论好坏，都是自己做出来的。这与马克思主义也是共通的。

卡林·罗马诺：之前我在北京大学做访问学者的时候，碰到了很多哲学家还有思想家。其中有一位学者说，现在中国共产党面临的一个重大挑战就在于，如何才能够改变资本主义思潮带来的“重物质”的思想。尤其现在很多年轻人都崇尚物质生活，不再如传统中的年轻人那么孝顺和谦卑。现在更加注重儒家文化，是否能够帮助年轻人消除这种思想，同时继续保持马克思主义在中国的指导地位？另外一个问题就是，马克思主义当中是不是有些无法融合儒家文化的观点？是不是有些儒家文化的观点是不同于马克思主义的？

韩震：中国接受马克思主义，又进行了革命，才让中国发生了巨变。实际上，每一次革命在逻辑上往往都容易走向“对立”：容易极端地看待原来的历史。实际上这种“极端”从胡适就开始了。也就是说，上个世纪初，一批激进分子甚至希望把中国的文字都拉丁化、改成符号语言。这就走向了极端对立。这种“极端”使中国的文化——本来注重历史传统的民族文化——出现了断裂。我有一次在哈佛大学见到杜维明先生，他也提出“作为中国人意味着什么”的问题，也就是“中国人还有没有延续着自己的文化传统”的问题。这个问题值得认真思考。马克思主义使中国人从原来僵化的思想束缚中走出来。但是，那种完全“割裂”历史的观点，完全否定古代、过去，只肯定现在的做法是错误的。这种做法给中国带来一些消极影响。“重物质”的思想最有害的就是助长了人类无限地扩大自己的欲望，不断地冲击着人们的道德价值体系。比如，成败成为评价一个人是否具有价值的最主要的尺度，人只能成功不能失败，人与人之间的关系只能通过人的成败予以评定。这就让人际关系变得越来越紧张，让原有的、人类相互合作才能取得成功的文化受到挑战。就这样，原有的很多道德体系也被认为是“旧”的，哪怕它只是包含一些瑕疵而已，却还是被彻底地抛弃了。这就像给孩子洗完澡，把洗澡水和孩子一块儿倒掉了。

和世界上许多其他民族一样，中华民族有着底蕴深厚的传统文化。当然，每个民族在每个发展阶段都会产生阶段性的文化特征，这和生产力水平是相关的。我一直在思考中国为什么接受了马克思主义，其实这和中国传统文化也是密不可分的。中国传统文化是一种重视人的文化，并不强调超验的宗教文化，儒家文化就说要“敬鬼神而远之”，这和马克思主义关于人类通过实践创造历史的观点是契合的。中国古代就强调“人法地，地法天，天法道，道法自然”，认为人是自然的一部分，主张人与自然的和谐，因此中国文化自古以来就重视人自身的修养、教化以及与自然的和谐相处。然而，正是由于对“天人合一”的过度推崇，中国近代在科学技术方面逐步落后于西方。在西方列强的侵略下，中国知识分子提出了“中学为体，西学为用”的对策，即在学习西方技术的同时不放弃传统文化。当时，尤其是甲午战争之后，也有人提出要“全盘西化”，要转变文化和制度，认为只有这样才能真正发挥技术的作用。然而，实际上，即使是主张“全盘西化”的学者，他们身上也仍带有传统文化的基因；反过来，那些固守传统的人，在思想上其实也或多或少地受到西方影响，生活方式也开始发生变化。

在这一变化过程中，主张人类解放的马克思主义受到了追求民族解放的中国人民的欢迎。当时，一批马克思主义者或受马克思主义影响的学者，如李大钊、陈独秀、李达等，他们的著作在青年人中广为传播，也颇获赞誉。相比之下，欧美哲学的影响力则局限在学术界的小圈子内。当然，在毛泽东、李大钊、陈独秀身上，我们同样能找到很多中国传统文化特色的印记。比如，毛泽东对道德意志的重视和提倡，与孟子“养浩然之气”的主张不谋而合。

毛泽东领导中国人民赢得了民族独立，但是他在经济建设上的探索遇到曲折。马克思主义诞生于欧洲发达国家，而如何在生产力还很落后的中国坚持和发展马克思主义，是中国共产党必须回答的重大课题。邓小平从全球和战略的眼光看问题，实行改革开放，优先提高生产力水平，但邓小平并没有放弃马克思主义。

马克思主义是中国共产党执政的合法性基础之所在，这种合法性建立在中国共产党在马克思主义指导下领导中国人民取得民族独立和人民解放的基础上。通过改革开放，中国学习欧洲、美国、日本的经验技术，利用后发优势，经济实现了腾飞。中国香港地区和新加坡就是中华文化和西方制度交融的典型，为中国的改革开放提供了经验。改革开放 40 多年，总体上是比较成功的，因为能在中国这一占世界人口五分之一的大国进行如此规模的改革并取得如此大的成就，是很了不起的。改革开放的成功和中国文化的完整性有关，正是因为中国拥有深厚的传统文化底蕴，才有自信去学习外来的有益成果，并转化为自己的经验，也就是鲁迅先生所讲的“拿来主义”。另一方面，改革开放的成功也离不开马克思主义。虽然马克思主义是一种源于西方文化的思潮，但它却为中国革命和建设提供了指导思想。

中国文化有很强的包容性，夏商时期“华夏”其实仅仅是指河南、陕西、山东、河北等黄河流域的中原地区，而目前“汉”文化所包括的范围远远大于这一区域，这是通过不断的包容、吸收而形成的。中国文化的包容性是独特的，世界上其他文明被外族入侵后几乎都毁灭了，而中华文明则在不断向前发展。

在古代，中国文化一直居于世界领先地位，但进入近现代后情况发生了变化。随着西方文明的崛起，中国文化面临着“三千年未有之大变局”。在这一背景下，能否保存文化的完整性成为中国现代文化的思考起点。最初的反应是清末的“闭关锁国”，随后是洋务派对西方技术的学习，再后来则是孙中山对西方制度的学习，成立了中华民国。但这一学习过程中，中国却一直受到西方列强的压迫，此时马克思主义传播到中国，马克思主义主张人类的平等和解放，共产国际也提出让社会主义革命与殖民地的民族独立和人民解放相结合，这些主张受到中国人民的欢迎。因此，中国最终走上社会主义道路绝非偶然，而是有着其深刻的历史必然性的。

中国共产党在马克思主义指导下，带领全国各族人民，建立了中华人民共和国，但在经济建设上出现了一些失误与不足。一个人口众多的大国经济长期得不到健康发展是不可持续的，而且这与马克思主义“经济基础决定上层建筑”的主张也是不符的。在这一背景下，以邓小平同志为核心的党的第二代中央领导集体开启了改革开放的新征程。在改革开放中，中国借鉴了不少西方经济建设经验，但依然坚持马克思主义的指导地位。改革开放在不同阶段的政策也不断适时调整，如在初期强调“效率优先，兼顾公平”，而近几年则更强调公平和社会和谐。

卡林·罗马诺：有些美国学者认为，现在中国青年比美国青年显得更加“资本主义”。他们很喜欢各种各样的电子设备，比如手机什么的。中国政府在世界各地建立孔子学院，强调儒家文化的意义、传播中华优秀传统文化，国内甚至有人呼吁政府通过立法强迫子女定时定期回家看望父母。您是否认为改革开放之后，是因为中国的儒家文化被弱化了，国家才开始重新重视儒家文化，以避免中国的年轻一代成为资本主义的“傀儡”？

韩震：我不同意喜欢手机就是资本主义的说法。我在美国待过，也去过欧洲。中国长期处在落后状态、追赶状态，有一种急迫感，这是可以理解的。这种焦虑和急迫感比西方强烈很多。我们不能说因为儒家文化现在弱了，现在所以要恢复。鲁迅曾说中国文化是“吃人”，这有一些极端。我认为，中国历史上儒家文化都出现过某种程度的断裂，这在当时都是有原因的，而现在则是一种道德体系的重建，因为中国过去曾经把传统的道德体系完全作为封建文化进行批判，尽管也有人意识到不可能完全批倒。但这确确实实给中国经济发展以后社会关系的自我完善、自我调节带来一些问题。过去见义勇为是一种恻隐之心，而现在出现了有人病倒在路上却没人敢上前帮扶的现象。从马克思主义角度来讲，这种人性的变化并非历史的断裂，而是历史发展的必经过程。在这个完善进步的过程中，中国共产党发现，在中国这块土地上建立一个现代化国家，不能完全割断自己的历史，而应该在历史基础上、在文化传统基础上，适应新社会的变化，使传统思想文化本身的生命力得以迸发。而实际上，即使那些发表过极端言论的人，思想根基上仍然保留着儒家的影子。我在西方生活过，知道实际上西方也进行了宗教革命，但是今天宗教仍然起作用，即使人们不信教，但宗教文化确实起着道德“奠基者”的作用。而中国的文化或道德“奠基者”恰恰是中国的传统文化，也就是以儒家为主的传统文化，以及包括佛教、道教文化在内的一些思想。所以，现在向传统文化的某种“回归”，和道德重建、道德制度重建是有关系的。

我还要谈谈对目前文化的“定性”，也就是说中国绝对不是要回到儒家去，也不是回到古代去。马克思主义本身从来没有离开人类文明的大道，注重吸收人类文化成果。我们提倡马克思主义的中国化、时代化和民族化，也就是提倡建立中国化的马克思主义。我们既要发展地对待马克思主义，也要发展地对待中国传统文化。我们要发展地看问题，目光朝向未来，而不是以“回到儒家”来解决问题。说实在话，恰恰就是儒家没有适应现代社会的变化，中国才出现了问题。但也并不是说一旦出现问题了，我们就该抛弃儒家。我们既要坚持自己民族的优秀传统文化，又要吸收世界各国好的东西。中国现在正处在一个善于学习、愿意学习的阶段。就像黑格尔说的，中国正在经历一个“再青春化”的过程。

卡林·罗马诺：非常感谢您的回答，最后我想表达一下我的观点。我之所以来到中国，是因为很多美国的媒体对于中国的报道过于简单，对于中国共产党、中国政府的报道过于片面。很多美国的媒体在报道中国政府和共产党的时候，往往是呈现它们负面的形象，说它们做了一些错事，常常忽略了中国共产党和中国政府维持和平稳定发展的观点其实是言之有据、站得住脚的。因为，中国要保持稳定，需要一个强有力的政府，这是非常符合逻辑的。然而，美国的媒体往往不愿意呈现这样一个很重要的观点。而且我想告诉韩教授的是，很多美国人也非常同情并且支持中国政府的立场，而且他们也认识到中国政府一直以来都是在努力提升人民的生活水平，而且经过多年努力已经让很多人脱贫。他们也看到了中国现在基础设施建设蓬勃发展，还有中国的经济发展的效率非常惊人。所以这一次我也非常乐意看到中美两国之间有更多的交流。这样一来也可以让更多的美国人了解中国。其实，中国的自由远比《纽约时报》报道的要多，而且中国政府也更加愿意改善人民的生活。

韩震：谢谢您的评价。实际上，中国还有很多问题，而且我也说了，中国是愿意学习的、愿意改革的。中美是两个大国，美国仍然是实力最强大的国家。中华民族不是一个进攻性民族。历史上中国版图的扩大，是民族融合的产物。习近平总书记提出构建人类命运共同体和新型大国关系，就是体现了中国人和平发展的愿望，这是第一。第二，中国最基本的价值观是什么？我认为是“和谐”。比如说“和为贵”：人与人之间讲究“和”，国家之间强调的是协和万邦、和而不同。我想，只要奔着和而不同的理念发展，世界就会越来越好，对中美两国的发展也比较好。

◎贺耀敏与金胜一

中华优秀文化的世界意义

ON CONTEMPORARY CHINA AND WORLD
经验交

贺耀敏

中国人民大学副校长、教授（二级）、博士生导师。曾任中国人民大学出版社社长、总编辑。享受国务院政府特殊津贴，入选第二批全国宣传文化系统“四个一批”经营管理人才工程，荣获中宣部和新闻出版总署“中国百名优秀出版企业家”“全国新闻出版行业领军人才”“第二届中国出版政府奖优秀出版人物奖”“全国文化体制改革工作先进个人”“中国版权事业卓越成就者”等称号，荣获“第十二届韬奋出版奖”。担任全国哲学社会科学基金（理论经济）评审组成员、北京哲学社会科学基金（理论经济）评审组组长、中央外宣办对外出版专家委员会委员、中国大学出版社协会副理事长、中国图书评论学会副会长等职务。先后承担国家和省部级重大、重点研究课题10余项，出版《共和国建设的高级工程师：袁宝华》《中国古代农业文明》《中国经济史》《跨世纪的农业》《中国经济发展的轨迹》等著作，主编《中国近现代经济史》《六十年国事纪要（经济卷）》《中国经济（日文版）》《春潮涌动：1984年的中国》《中华人民共和国史长编》等多部著作，发表论文近百篇。

金胜一

日本九州大学文学博士、教授，现为韩国东国大学东西比较研究所研究员、东亚未来研究院院长。长期从事中国历史和中韩日三国文化交流史研究，著有《韩民族与东亚世界》《韩中关系的误解与真实》《中国革命的起源》等；译著主要有《毛泽东选集》《邓小平文选》《中韩关系史》《中国人的美德》《中国历史与文化》等几十部，在韩引发“中国热”。致力于将中国文化精髓介绍到韩国，为两国文化交流和中国文化“走出去”做出了重要贡献。2012年8月28日，新闻出版总署授予金胜一教授“中华图书特殊贡献奖”，这是出版领域外国专家在中国得到的最高荣誉之一。

一、当今世界需要世界各国文化的多样化发展

贺耀敏：当今世界的发展使人们越来越重视本国本民族文化的价值。例如，中华优秀传统文化是中华民族历经 5 000 多年创造形成的文明形态，是维系中华民族大家庭的重要纽带，是中华民族始终保持文化认同的根本所在。在历史上，中华优秀传统文化有过高歌猛进的时期，也有过低回曲折的时期。当前，中华文化面临着前所未有的繁荣发展的大好局面，必将推动世界对中华优秀传统文化的重新认识。作为一个出版人，我深深感到中华优秀传统文化成果的出版也同样面临着前所未有的良好发展时期。我们将共同见证中华优秀传统文化成果出版大发展的美好时代。

金胜一：历史上，中华文化通过对周边国家的包容和教

化，给东亚世界和平发展提供了公平性、多样性、可持续性，起到了核心作用，这是之前中国一直保持较高水平发展的原因所在。以中国为中心的东亚世界在近代以前通过交流，广泛接纳了中华优秀传统文化，并以此为基础延续着相互协作交流与和平稳定发展。后来，欧美帝国主义和日本帝国主义的侵略，使中国沦为半殖民地国家，周边诸国也一同被殖民化。之后的将近一百年，中国人民忍受了种种耻辱。中国共产党在人民大众的支持下完成了新民主主义革命，中国又通过改革开放成为世界第二大经济体，影响着世界。

没有以中国共产党的领导为根本保证的中华民族的大团结，以及“一定要做到”的“精神力”，这一切都是无法完成的，这样的“精神力”的源泉就是在漫长的岁月中所倡导并传承下来的中华优秀文化。

被命名为“汉江奇迹”的韩国经济的快速发展也是一个好例子。中华文化作为韩国文化的源头，在漫长的岁月当中逐渐被韩国化并渗透到韩民族的精神中，可见“汉江奇迹”也离不开中华文明的洗礼。

我赞同尚 - 皮耶·瓦尼耶（Jean-Pierre Warnier）曾经说过的一句话：“没有对自己文化的深爱，就无法实现文化强国之梦。”我觉得不管是自生文化还是衍生文化，都有它的历史使命和时代赋予的先进性，各自的文化应该被尊重和接纳，更应相互认可并予以保护。所以中韩两国应该通过相互的协助和合作，把优秀的文化传统发扬光大，为了今后的发展努力保持良好的协作关系，以此来贡献于人类的发展。

贺耀敏：世界各国的现代化进程中，没有哪个国家是完全将自己的传统文化彻底丢掉的。我特别想说的是，中华优秀文化滋养了中国经济的成功发展，40 多年来中国经济的快速增长超越了人们的预期，中国已是世界第二大经济体。回顾这一历史过程，可以看出中华优秀传统文化推动了中国经济的快速发展。一是得益于“自强不息、改革创新”的精神，中国经济快速发展，积极有效地参与全球化进程，没有在这个进程中被边缘化，而是越来越进入世界经济发展的核心地带。改革开放使中国获得了逐渐融入世界经济的机会，为中国经济的快速发展提供了可能。二是得益于“天下兴亡，匹夫有责”的担当意识，积极参与世界体系的改造和世界规则的制定。中国现在已经成为世界第二大经济体，新的世界经济体系需要有包括中国在内的新兴经济体的参与才能最终形成。可以想见，中国这样的发展趋势和发展速度必将产生重大国际影响。三是得益于“兼济天下、共同发展”的理想追求，中国在未来的发展中将更大规模地参与到世界经济之中。目前，中国提出的“一带一路”倡议、不断壮大的亚投行等，已经充分地表明了中国是世界经济增长的重要引擎之一。四是得益于“立足自己、学习先进”的探索，中国在经济发展中成功走出了一条非西方式的经济发展道路，没有完全按照已有知识和经验来设计自身发展道路，而是从中国的实际出发，采取“摸着石头过河”和加强顶层设计相结合的方式走出一条“非典型性”的发展道路，因而越来越具有普遍的意义。

金胜一：在中国改革开放的初期，谁都没有想到短短的20年时间内中国竟能发生如此惊人的变化。邓小平曾提出，到20世纪末，实现国民生产总值比1980年翻两番。当时外界认为那只是为了给人民希望的宣传噱头而已。但中国在1995年提前完成了这一目标。

中国能够实现经济发展的重要前提之一，就是有以对过去的彻底反省为基础制定的合理有效的发展规划，以及实现这个目标的主体——人民大众的支持。1978年中国共产党十一届三中全会是对过去的反思和下定决心重新开始的关键会议。会议的结论可以概括为：政治斗争无法代替经济，实现中国复兴的唯一方法就是富国强民，落后就要挨打，贫困会受到屈辱，应该重新改写屈辱的历史。我认为邓小平对经济改革的宏图应该是基于这样的认识。

但事实上不管有多么优秀的规划，脱离群众的支持就不可能成功。改革开放的政策得到了广大民众的支持。政策能够得到人民的广泛支持，既归功于主导政策的决策者们的努力，也取决于几千年延续下来的优秀传统文化基因，这样的文化基因使中国人民能够理解和支持政府的决策，并积极参与其中。

得益于这样的文化底蕴，中国能够充分利用“后发优势”

快速赶上那些先发者。历史证明了后发者能够赶上先发者的“后发优势”规律。“后发优势”成立的理由在于后发者拥有能够在先发者的做法中提取成功因素的“选择优势”，德国和后来的美国、日本等产业革命的后发者就是代表国家。虽然我们目前不能断言中国一定能成为“后发制人”的下一个国家，但考虑到中国的文化水平，我们有理由相信这有很大的可能性。

世界已经进入了全球化的无限竞争时代，在这样的世界里，文化和文化产业的全球化也极其重要。但现今的世界秩序一直被以“力”为基础的欧美式价值观所控制，这种秩序又带来了世界大战、冷战体制、贸易摩擦、环境污染、核威胁、恐怖主义等诸多危险问题，而且这种秩序无法解决自己造成的这些“负面遗产”问题。

所以我们可以尝试从现代的角度重新复原和优化数千年和谐共存的东亚文化体制，并把它转换为世界秩序，为此，以中国为中心的东亚各国应该相互协作，为重建“传统东亚文化共同体”做出各自的努力。

二、文化的包容性是推动世界和谐发展的基本条件

金胜一：始于 1978 年的中国经济改革不仅开启了中国经济发展的新时代，也使世界经济格局发生了巨大变化。中国将积极参与国际事务，这样的观点也不是凭空而来的，美国宣扬

的“中国威胁论”和一本名为《中国可以说不》的书在中国的畅销等现象都说明了这一点。西方越来越多的人认为中国的经济改革带动了中国经济大发展，而且也坚信今后的中国经济将持续快速发展，但是这种论点更多的是带有负面情绪，认为中国的发展和崛起会威胁到他们国家。

为了化解这样的误解，中国有必要积极表明和谐共生的立场。如何表明呢？那就是用实际行动来表明中国的胸襟：以优秀的中国文化为基础，为了世界文明的发展而前进。

英国数学家、哲学家阿尔弗雷德·诺斯·怀特海（Alfred North Whitehead）曾经说过：“文化悄无声息地改变世界。”在认识到“文化是可持续发展的原动力和帮手”的基础上，我们应该把文化和发展紧密融合起来，这样能够促进可持续性、包容性、公平性、多样性，并能同时体会到物质上、文化上的益处。

2015年世界教科文组织提到了四个关键词：可持续性方面，文化对联合国千年发展目标的持续达成起到关键作用；包容性方面，文化能够抑制战争和灾难等的发生，促进相互之间的友谊；公平性方面，文化通过创造女性的就业机会和伸张女性人权等非货币性功能，不仅对男女平等做出贡献，而且有利于缩小不同性别、阶层、年龄之间的差距；多样性方面，文化通过对个人的生活方式、行动、消费形态的影响，能够促进个人和个人之间、文化和文化之间的对话和交流，进而让更多的人认识到文化多样性。

中国应该践行“创新的包容国家”理念。“创新的包容国家”是以公平竞争和公平经济为基础，通过创新成长和“所得主导成长”来牵引可持续增长，并造就“大家一起过好日子的经济”。韩国等东亚各国应积极配合和参与中国提出的“一带一路”倡议，支持亚投行的发展。

贺耀敏：世界各国文明的关系不是相互战胜、相互取代的关系，而是相互包容、相互促进的关系。中华优秀文化的包容性推动了中国与世界的和谐发展，它的博大精深就在于它对各种文化优秀成果的包容和吸收。著名学者费孝通先生曾用“各美其美，美人之美，美美与共，天下大同”来表达中国学人对世界文明发展未来的美好愿望，也描绘了中国对于世界文明发展的愿景。

我曾经在一篇文章中写道：“世界文明版图的变化既有经济社会发展、国家军事实力变化所带来的影响，也有文明传播特别是宗教传播带来的影响。人们对于发生在欧洲的基督教的兴起、路德教或加尔文教的传播，都不会很陌生。世界不同民族文化价值的交锋、交融和交流，将重塑未来世界的文化版图。”中国历史上的一些“盛世”时期，几乎都是文化大发展和学术精品层出不穷的时期。我认为目前中国学术研究和学术出版也已经形成了强大的创新动力和创新基础，学术精品大量问世，其中很重要的一个标志就是中华优秀文化成果的出版。

中华优秀文化所包含的丰富的思想内容，塑造、感染、激励着一代又一代中国人。

三、任何文化都不能满足于已有的进步，要不断地推进创新和发展

贺耀敏：中华优秀文化的创新加速了中外文明的交流与沟通。文明和文化的传播需要系统的知识体系和话语体系来实现。中华文明要更好地与其他文明交流互鉴，需要着力打造融通中外的新概念、新范畴、新表述，增强知识体系和话语体系的创造力、感召力、公信力。中国强调要向世界讲好中国故事、传播好中国声音、阐释好中国特色，这既是从中国的发展成就需要世界客观公正的认识的角度来说的，也是从中华文明更好地在世界上与其他文明交流互鉴的角度来说的。

长期以来，西方发达国家凭借其经济“先发优势”在世界范围内移植其知识体系和话语体系，形成了话语霸权。中国等后发国家则很少有话语权，当今世界需要更多地听到这些国家的心声。这就要求我们把中国的知识体系、学术体系、话语体系在国际上传播好。

金胜一：语言和文化包含于“身份认同”现象之中。身份认同指的是个人对特定社会集体的认同，并促使个人同化到其中的行动、语言、文化的集合。随着通信网络的扩展，不少人

认为以全球为单位的世界文化即将产生，这意味着随着经济的全球化，文化的全球化也日益加快。但实际上全球化的真正含义是各民族文化和谐共处。发达国家的话语霸权所垄断和主导的全球化是不可行的，因为这样会导致少数文化被同化到主流文化，各民族文化也面临消失的危机，文化多样性更是无从谈起。

因此，我主张恢复和发展近代以前以中国为中心的汉字文化圈的文化交流。为此，首先需要找到一个用现代的方式继承和发展传统的独特方法，这样才能找到适应全球化并能生存下去的路子。中国文化应该从中发挥保护膜作用，在发达国家的话语霸权下，创造出少数文化能够存活下去的时间和空间，因为这样才能防止少数文化被同化。我认为只有各民族文化相互交流，方能开拓出全人类和谐并存的新路子。

贺耀敏：是啊，在多样化的世界文明体系中，有少数文明处于强势地位，更多文明处于弱势地位。这种文明格局不是由文明本身决定的，而是由工业化以来世界政治经济格局决定的，其本身是不合理的。分析中国知识体系、学术体系、话语体系的构建和传播就更能说明这一点。例如，我们发现学术理论和学术思想是知识体系和话语体系的内容和内核，是各种社会思潮和社会价值观念的重要源泉。但是，与西方相比，目前有深度、有说服力的中国学术成果还不多，还需要中国学术界更加努力地去创造。

成熟的知识体系、学术体系和话语体系可以很好地解释社会现象，解读社会实践，设置学术规则，进行价值判断，引领社会发展。纵观古今中外，没有任何一个国家和民族，可以通过简单套用别人的制度和模式得到发展、获得成功。简单机械地套用西方的学术概念和话语体系来解释中国道路、分析中国问题、预测中国发展，没有出路。

金胜一：我在韩国上大学，在中国台湾读硕士，并在日本拿到了博士学位。在中国还没正式开放之前，我以为通过台湾学术界，能够估量中国大陆学者们的研究态度和思考方式等，但 1992 年中韩建交以后，我才发现中国大陆学者的研究能力跟当时的韩国、中国台湾和日本相比，有一定的差距，那是长期缺少对外学术交流的结果。

上世纪七八十年代，在中国台湾做学术研究并发表论文是很多韩国学者的理想。当时中国台湾学者的研究能力较强，因为当时的台湾有很多欧美留学生，与欧美学术界的交流也非常活跃，而且居住在欧美各地的华侨学者们的影响也很大。但到了 21 世纪，中国台湾学术界逐渐倾向于日本，原来的宏观眼光也变成微观视角，之后韩国学者与台湾的交流也明显减少。

在这一过程中，中国大陆的学者们代替了台湾学者的角色，当时我对中国大陆学者们的快速进步和发展深感惊讶，如今还记忆犹新。在此期间，我已经把 150 种（包括历史、文学、政治、经济、哲学、宗教等）中国学术著作翻译成韩语并在韩国出版，所以也算目睹了大陆学者们快速发展的研究能力，那绝对是巨大的进步和发展。唯一的遗憾就是有时欠缺客观的视角，我觉得中国学术界为了更上一层楼，应该改进这个不足。韩国也曾因自身原因出现过同样的现象，但现在已经完全改进了这种不足。

尽管如此，从贺耀敏教授上述介绍中可以看出这个不足已经改进了不少。虽然这种问题没有完全解决，但考虑到传统的中国学术界的威力，我觉得它应能很快得以解决。

事实上中国传统学术界的成果和贡献是非常了不起的，我相信这种光荣在不远的将来将会重现，也期待今后中国学术界的发展，更相信它将在世界学术界上占有举足轻重的地位。

◎燕继荣与张善若、王裕华

中国国家治理的模式与面临的挑战

燕继荣

政治学博士，北京大学政府管理学院教授、常务副院长，长江学者特聘教授，教育部政治学研究基地——北京大学国家治理研究院研究员、副院长。长期从事政治学教学与研究工作，主要研究领域为政治学理论、中国政治、国家治理、政府管理；主要学术著作包括：《中国治理》《走向协同治理》《社会资本与国家治理》《西方政治学名著导读》《发展政治学》《现代政治分析原理》《政治学十五讲》。

张善若

政治学博士，旅美政治学教授。1999 年在北京大学国际关系学院获得法学学士学位，随后赴美留学，师从政治心理学和政治学方法论大师、美国政治学会原会长 M. Kent Jennings 教授。2007 年于美国加州大学圣巴巴拉分校获得政治学博士学位，在美国加州州立理工大学政治学系任教至今。主要研究方向为中国政治文化、政治文化理论、话语政治以及文本分析知识论、方法论。出版著作 *Confucianism in Contemporary Chinese Politics：An Actionable Account of Authoritarian Political Culture*。

王裕华

政治学博士，哈佛大学政府系副教授，先后于北京大学获得学士和硕士学位、密歇根大学获得博士学位。研究领域主要是中国政府与政治、国家与商业的关系、政治科学、比较政治学等。出版著作 *Tying the Autocrat's Hands：The Rise of the Rule of Law in China*。

受中国人民大学出版社《对话中国》编写组的邀请，燕继荣教授与博士生何瑾围绕“国家与社会关系”“国家治理的逻辑和模式”“协同治理”等主题设计了5个问题，3位政治学领域的知名学者进行了讨论。

一、学界常用以下4种模式来概括政府与社会的关系：强国家－强社会、强国家－弱社会、弱国家－强社会、弱国家－弱社会。您认为当前的中国属于哪一种模式？

燕继荣：在国家与社会的双向互动中，社会变化作为一种推进力量，引发社会矛盾和社会问题，而国家治理通过制度变革，不断规制社会变化，吸纳社会力量，以保持发展的持续稳定。从理论上说，国家代表了统合性力量，社会代表了自主性力量，二者的关系可以分为以下 4 种类型：“强国家 - 强社会”“强国家 - 弱社会”“弱国家 - 弱社会”“弱国家 - 强社会”。面对自改革开放以来社会经济变化产生的社会矛盾和问题，中国政府在政府管理导向、政府服务导向和社会自治导向等方面做出了积极反应，但是目前，中国地方政府在社会自治导向的实践过程中依然面临一些困境。政府要么越位包揽，要么撤出不管，从根本上说都应归因于社会发展不足。中国目前的国家与社会关系属于“强国家 - 弱社会”的模式——社会无组织或组织化程度较低，难以动员集体力量和公共资源形成集体行动；社会力量孱弱，缺乏自治能力，从而导致政府想要管住管好社会就不得不深度介入社会领域的各个方面。

理论和实践都支持“强国家 - 强社会”模式，这种模式意味着：其一，国家有足够的能力，对外维护国家主权与尊严不受侵害，对内有效管理，能够提供高质量的公共服务和社会保障；其二，社会有足够的能力，表现为公共生活相对丰富，民间力量在经济、社会、文化等领域具有较强的自主性、自立性和自助性；其三，在公共事务的管理中，国家权力机关 - 政府 - 政党组织、社区和社团组织所提供的治理机制大体上各守本位、各司其职，能够形成良性互动，彼此分工协作。

张善若：“国家与社会关系”在美国政治学中居于核心地位，这是因为政府和社会的制衡、对抗关系是西方政体现代化进程的核心推动力。类似的以西方历史经验为材料、以西方政治观点为视角的概念，对中国政治研究的适用性在理论、知识论、方法论上都是大问题。因此，在“古、今、中、西”的框架下讨论这一类问题应持审慎的态度。西方与中国政治在传统模式、发展轨迹、现代化进程等方面都显著不同。上千年来，欧洲政治发展的“燃料”是教会与王权、王权与封建地方势力之间的分权、对立、制衡。美国由革命而建国，没有经历威权体制阶段，前一百年中地方远远强于中央，一直到大萧条时期联邦政府才因为打仗、修路、征税等一些应对措施真正地开展“全国性”政治。中国政治中的“国家与社会关系”更注重整合性、协调性，个人融入集体、集体融入社会、社会融入国家。与强调对立、冲突的西方辩证法相比，中国以中庸为基调的辩证法主要追求融合、妥协。所以，国家与社会关系中究竟蕴含着什么、在中国政治中究竟起什么作用，需要深究。

在通常的认识中，美国被认定是“强 - 强”格局。这又意味着什么？美国的国家整体实力自然是“强”的。然而这个强的基础是极端优越的资源与人口比例，两次世界大战产生的有利的国际条件，两百年来由全球移民激发的高速经济科技发展，以及美国在殖民、冷战和全球化各个时期所占有的各种优势。这些优势与其政府的“执政能力”并不直接挂钩。在当下美国政治中两党对峙白热化，政体中的个人、党派、机构的主要工作目的和内容是对付反对党，而并非提供治理功能、完善治理能力。一些新的政治主张，比如说“绿色新政”，主要是为了借助反对特朗普的势力而获得选票，内容简单笼统，根本无法成为政策。美国联邦政府的治理能力不能算强，一届政府做不了两三件大事。从世界视角看，美国政策非但不先进，而且相当落后。美国福利制度远远落后于西欧北欧国家和加拿大。面对全球气候变化，美国退出《京都议定书》《巴黎协定》，最终落伍，成为全世界唯一不参与的大国。

中国的国家实力的发展，在“人口多、底子薄”的基础上，主要凭借政府决策和执行力量来对社会和经济力量进行调动。和英美的“小政府”思想相比，“父母官”的文化形象和公众期待也必定塑造截然不同的政府形态和形象。中国现在的国家实力和政府的研发、决策、执行的能力都是强的。然而，中国的“社会力量”，由于种种历史和现实的原因，在政府面前，缺少组织、权威和平等的姿态，以及制约制衡政府和参与政治的意识、能力和习惯。这样的情况，在中西对比的视角中，往往被认定为“强政府 - 弱社会”。然而这样的评估视角并不一定合适，也不一定有效。从中国政治的历史发展来看，中国社会由科举制度而获取的自下而上的流动性，革命和起义在中国政治思想中的合理性，政府应该“为民做主”的根本任务，都充分显示出社会在政治中的重要地位。从政治现实来讲，不用远寻，只看近 20 年，资本、市场、媒体及民众等种种社会力量显著强化。中国40多年的政治、社会、经济和文化在根本上依托个人动力，地方创新，以家族、地域为纽带的关系网络等社会力量。社会和媒体的发展也使国家与社会的关系愈发复杂，各级政府对高敏感事件急速反应，媒体事件能够立刻牵动政策机制。追本溯源，在源自西方的国家－社会关系概念框架里，中国也许仍然不是“强－强”格局。但是中国社会的活力、耐力、适应性，以及社会与政府的关系在中国治理中所起的作用又应该如何概括总结，是我们应该多加关注的问题。

王裕华：总的来说，中国的国家－社会关系更接近“强国家－弱社会”模式。迈克尔·曼指出，一个国家的能力体现为专断性权力和基础性权力。首先，国家的专断性权力指的是国家精英不必与民间社会团体进行定期、制度化谈判就采取行动的能力。其次，国家的基础性权力是指国家渗透公民社会的能力。从这两方面来看，中国的国家能力很强。而社会的力量可以理解为社会行动者与国家谈判和抵制国家渗透的能力。从这个意义上讲，中国的社会力量较小。

有两个值得注意的现象：一个是，具有强制力的国家有时可以赋予社会权力。例如，中国政府将维稳作为干部考核的标准之一，使得地方政府的官员致力于关注和处理潜在的社会动荡。这意外地为社会行动者提供了向当地政府施加压力的政治机会。另一个是，中国官僚体制中固有的“委托－代理”问题可能会削弱中央政府监督地方代理人的能力。虽然国家作为一个整体具有很强的能力，但是地方官员有时有一定自主权。这为社会行动者与当地的政府官员进行沟通提供了机会。

二、很多学者认为政府、市场与社会协同治理是较为理想的国家治理模式，您觉得中国在走向这一理想模式的过程中会遇到哪些难题？为了克服这些难题，中国需要怎么做？

燕继荣：从政府管理到公共治理或协同治理，是新公共管理理论提出的标志性口号，该口号表明了公共治理或协同治理是一种方向性的目标。政府机制（政府是主体）、市场机制（企业是主体）、社会机制（社团、社区、社工、社企是主体）三种机制的多元共治或协同治理是国家进行有效社会治理的真谛。

目前中国地方政府在社会自治导向的实践中面临一些困境。一种情况是，政府越过社会进行管理，一些本该适用“社会自治”机制的事务，却由政府接盘管理，导致政府“越位”；另一种情况是，政府为了推动“社会自治”，主动收缩阵线，或者以“社会自治”为名，放弃管理和服务职责，造成社会管理“缺位”现象。地方实践表明，这两种情况的出现与经济发展水平密切相关。一般来说，经济发展较为落后的地区，社会力量的“自治”水平相对较低，社会管理的“越位”和“缺位”现象也会较为多见。

一个长期依赖政府管理的社会，要实现社会治理，必须做到如下几条：首先，在观念上要形成共识——“强政府 - 强社会”关系模式下的协同治理才是最优目标；其次，在治理主体方面要明确社会主体角色——把治理对象变为治理主体，为政府之外的其他社会主体的成长发展提供空间；再次，在治理体系方面要推进能够增加系统开放性的改革，建立广泛包容和吸纳非政府主体和非政府机制的制度；最后，在治理机制方面要强化不同系统之间的统一协调性，赋予特定协调者和协调机制更大的协调功能。

王裕华：从西欧政治发展的历史来看，平衡的国家与社会关系通常是由开放、市场化的资本主义经济所塑造的。举个例子，英格兰确立了包容性的制度（如代议制机构）的原因是，一个比较开放和商业化的经济体培育了一个强大的商人阶级，他们控制着移动资产（如贸易收入），并且为皇室提供其需要的资金支持（如发动战争）。

张善若：20 世纪 80 年代初，随着“华盛顿共识”出台，英美政治保守化，政府撤出，市场进入，公民社会发展，形成了政府、市场、社会“齐抓共管”的局面，协同治理是对这一系列发展的认识和总结。协同的根本在求同和协调，然而仅在利益层面协调效果有限。美国的政治文化起源于“反叛权威”，要求脱离宗教和王权的双重管辖，随着移民来源越来越多元，这种与生俱来又逐渐加深的异质性使得美国的政府和社会很早就放弃了（或者从来没有尝试过）在道德和理念的层面建立“全社会”“全文化”的共识，只能建立一套大家能基本同意又可以不断修订的程序，使不同利益达成短暂的平衡。道德退出了政治视野，变成“私事”，任何对道德的高调探讨都会引起极大的反感和猜忌。于是“饭桌上不谈政治和宗教”成为通行模式。“道德退位”的结果，一方面是“政治正确”在一定程度上干扰公共讨论，另一方面，公开污蔑女性和少数族裔、炫耀自己偷税漏税行为技能的政客能够当选总统。各种政治势力各持己见、自以为是，民意五花八门，左右两派恨不得老死不相往来。在这样的政治交流环境中，各种负面新闻、竞选广告更是乘虚而入，政客们通过恶意宣传、投其所好获得选票。协商民主理论的出现正是针对这样的状况，倡导通过开放心态、深入沟通、真情交流，来逐步恢复开展社会讨论、建立共识的能力。如哈贝马斯所说，“沟通理性”是现代社会认识和发展“真我”的必经之路。

哈贝马斯的理论，在中国、德国这样有着“和”的文化传统的社会中更容易实现。这里的“和”不是“上”压给“下”的“和”，而是社会成员通过持续、深入的讨论而建立起来的文化和社会共识。中国政治文化中的“教化”就是以讨论道德为基础，通过学习、自省、调整、融合等“自我技术”（福柯）而形成的政治和社会的理性。文化教化与宗教教化不同，更重视实践、从实践中汲取的经验、从经验升华中得出的知识。如此例子举不胜举，从源头说起，《尚书》记载的中国早期政治话语中就讨论“宽而栗，柔而立，愿而恭，乱而敬，扰而毅，直而温，简而廉，刚而塞，强而义”等“九德”。正如苏格拉底的“美德”概念包括了道德、能力和知识，《尚书》中的讨论也将这些特质看为不可分割的特质。这样的道德讨论不是凭借臆想，而是建立在实践经验以及由此积累而成的知识的基础上的。西方在基督教会统领政治的一千年里，其政治知识绝算不上“理性”。欧洲民族国家兴起前期的治理规模和内容也非常有限。如福柯所说，工业革命带来的一系列治理需求，才带动了欧洲国家治理能力的快速提高。中国政治文化的“实用理性”(李泽厚)，与从西方视角看到的不理性的、意识形态的、教条的中国形成鲜明对比。

三、从世界范围看，改革是一个重要的主题，当今各国都面临着程度不一的问题和改革需求，而不同的国家在治理与改革中呈现出不同的逻辑和模式。您认为中国和西方的国家治理逻辑存在哪些不同？中国目前的治理模式有哪些优势和劣势？

王裕华：所谓的“西方国家”之间存在很多差异。中国和西方国家的治理逻辑，一个关键的不同之处在于问责机制。在西方国家，选举是问责政客的主要机制：候选人做出竞选承诺，选民根据这些承诺选择支持哪个候选人或者政党。候选人当选后应履行他们的承诺。如果政客们不履行承诺，选民通过投票让政客及其所在的政党下台。很显然，我刚才描述的是理想的西方国家类型，现实当然不是完美的。

在中国，主要有两种问责机制。一个是自上而下的问责机制。干部考核体系规定了评价官员绩效的某些标准，官员的晋升与这些标准密切相关。但是，干部考核体系存在许多相互矛盾的标准，例如经济发展和环境保护等考核标准之间是相互矛盾的，官员不得不面临艰难的折衷。此外，中国官僚机构仍不完善。另一个是自下而上的问责机制，如信访制度。

燕继荣：一个国家的治理逻辑和模式，是历史与现实诸多要素共同作用的结果。当今中国的国家制度，是中国共产党接过历史“接力棒”之后主导创建的。从历史的角度看，近代以来中国国家面临的危机，在很大程度上决定了当初以党救国、以党建国、以党治国的制度选择路径。从国家发展的角度看，中国作为后发展国家，经济社会发展任务的紧迫性，以及“落后挨打”的国民记忆所激发的“赶超”战略，在很大程度上决定了当初党政部门居于主导地位的国家制度特点。不过，经过70年的发展，尤其是经历40多年的改革开放，中国国情发生了很大改变，国际地位也与70年前的情形完全不同。

客观地说，中国具有强有力的政党组织领导和动员系统、高效的政府执行系统、高度集中的中央协调系统。这样的制度安排在有些时候也存在“短板”：国家上层制度相对完善，且功能强大，但国家下层制度薄弱，且功效不足。这造成了国家治理更多地表现出党政“内系统”发挥强大功效，但缺乏社会作为“外系统”的积极呼应，这种情况会产生内外系统脱节的风险。

张善若：过去几十年，国内外政治学对“治理”的观察和分析集中在制度层面。西方政治学界面临着一种大制度（苏联体系）的解体以及全球范围内民主制度的建立。中国政治和政治学则面临着“体制改革”的重大任务和命题。然而西方政治文化研究的一系列成果，特别是文化制度契合理论（congruency theory）和政治社会化理论（socialization theory），都展示了政治制度和文化的相辅相成的作用。广义地说，西方的文化研究走在社会科学发展、社会思想发展的最前沿。福柯、哈贝马斯、布迪厄的研究聚焦在思想、知识、传播等与政治生活的互动，属于政治文化领域内的问题。如果说外在的政治制度等是硬件，那么内在的政治价值观、意义体系、日常习惯便是软件。制度和文化相互配合，目的就是解决一个政体面临的生存和发展问题。

地广人多、疆域辽阔、大一统中央集权、地方情况复杂多变，这样的政治环境决定其政治体系的主要任务，便是如何平衡统一的中央指令和多样的地方情况，真正做到上传下达；如何选拔优秀人才，保持政体活力；如何保持资源在经济阶层间、地域间、城乡间的流动，并且使这种流动成为社会公平的调节杠杆和实现方式；如何稳中求变、鼓励创新，以提高适应性、推动新发展。对这些问题的探讨，是中国政治体系千百年演变的核心推动力。海德格尔、伽达默尔等学者通过对“现象”如何发生、如何被解释等问题的讨论，强调“前理解”(蕴含在文化和知识体系中的既有的视角和思维方式）对“现在是什么”“将来会怎样”等问题的塑造性影响。治理模式不是设计出来的，而是演化而来的，是通过不断尝试、成果检验、经验积累而得来的，是基于大量实践、在“学”与“行”的互动中提炼升华出的方式方法。

中国与西方国家在政治文化上最根本的差异，在于对政治核心力量的认识：中国认同“合力”，美国认同“分力”，欧洲介于两者中间。中国的大一统实践和儒家文化都倡导“向心力”——个人融入集体、集体融入社会、社会融入国家。在西方，欧洲漫长的封建制度与王权之争、教会与王权之争，美国独特的建国历程都使得分权、制衡成为其现代政治思想最核心的内容，“离心力”成为主要动力。两种政治文化各有利弊，但是“和”对中国人是自然、自如的状态，正如“分”在美国政治文化中是自然状态一样。在此框架下，中国治理模式围绕着政府官僚体制展开，以教育、岗位竞争为其选拔优秀人才，用道德讨论为其设置约束和规诫机制，政治活动以“为民做主”“得民心”为目标。这样的模式借用“向心力”，也巩固“向心力”。美国政治的核心机制是选举，一切政治活动和激励体制围绕“选”和“再选”进行。近年来，政治体制的各个部门大部分精力花费在两党倾轧上，治理效能已经不再是主要目标，道德已经不再是底线，意识形态成为不可跨越的鸿沟，民意、政治知识也随着社会媒体的“百花齐放”而变得五花八门。掌握合与分的平衡是两种模式的共同目标。随着社会的多元、开放，如何在“向心力机制”下鼓励多样发展，是中国模式面临的挑战。如何增强党、派、组织、机构的凝聚力则成为美国政治的大课题。

四、在现代性与后现代性并存、现代化与后现代化并发的时代，您认为中国传统的政府管理需要应对哪些挑战？为了实现良好的治理，中国如何应对这些挑战？

燕继荣：后现代化的发展变化为中国传统的政府管理带来了至少三方面的挑战：首先，税务财政系统受到了挑战。后工业社会基于网络的私人定制化生产方式在很大程度上挑战了传统的以企业为生产单位的国家财政税收体系。其次，现代金融系统受到了挑战。新型的交易系统和交易方式挑战了传统的以银行为中介的货币和信用卡结算的金融系统，使政府的金融监管和政策杠杆面临难题。最后，日常的社会管理模式受到了挑战。后工业社会基于网络平台的供需双方直接交易，挑战了传统的以政府或委托代理机构为基础的社会管理模式。在社会转型的大变革时代，现代化和后现代化两个目标和过程的叠加，增添了社会变化的复杂性，极大地增加了政府管理的难度。

面对这些挑战，中国要实现从政府管理走向协同治理：第一，治理绩效取决于制度供给；第二，政府并非制度的唯一供给者；第三，多元复合供给模式才能满足多样化需求。良好的社会治理通过多元制度供给得以实现，在这个过程中它强调的是“公共事务公共治理”，即政府、社会组织、社区单位、企业、个人等所有的利益攸关者共同参与、协同行动，实现国家与社会良性互动、协同治理的状态。因此，建立信息开放、集体决策和共同参与的制度，加强公共选择和公共博弈，实现责任共担、利益共享、权力协同，成为增进社会治理，进而提升国家治理水平、实现国家治理体系与治理能力现代化的必然要求。

王裕华：亚历山大·格申克龙（Alexander Gerschenkron）有关经济落后的优势的想法对中国政府经济发展战略是有用的。数字时代和自动化时代的到来可以极大地将世界经济重心从低技术制造业转移到高科技信息产业。这意味着中国可以从世界制造工厂跃升为信息技术的领导者。这种以知识为基础的新经济将需要政府投资人力资本、保护财产权并保障个人的自由。

张善若：与国家治理模式相比，治理逻辑聚焦于政治思考，揭示了特定文化背景下人们如何认知、思考、研究政治问题，运用什么样的道理，得出什么样的结论。美国政策圈、外交圈近年来逐渐认识到中国政治的发展、创新背后有一套属于中国的规律。如何“捕捉”、观察和研究“中国政治”“中国治理”宏大深远的理念、认识、实践，是中国政治文化研究的新任务、好课题。

历史诠释学认为，人们总是从自己的“视域”出发，“抓取”历史和现实。人们对文本（宏观定义）的理解永远被“前理解”的“先把握”活动所规定。前人的诠释是我们现在的“前理解”，我们现在形成的诠释是后人的“前理解”。这样，不同时代的人从自己的角度出发对同一主题进行诠释（如儒家所说的“天道”的反复诠释），形成伽达默尔所说的“诠释圈”。在如此反复诠释的过程中，知识得到积累，脱离某一个诠释者的“主观”限制，从而获得“客观性”。中国政治文化不断地从知识、实践的角度来“大浪淘沙”式地筛选、淘汰、保留、总结，形成以历史经验为依据、以治理效力为目标、以知行合一为原则的治理逻辑。

史华慈认为，中国政治思想起源基于现实，而西方政治思想起源基于神话，中国政治思考真正是“实证性的政治科学”。中国政治文化在“文”“史”“哲”三轮滚动中逐步向前，文“捕捉”史，史“促成”哲，哲又“指导”文，在此过程中形成知识积累。中国政治思考强调实证性、强调“人的历史”的规律性。西方基督教文明中的知识论和历史观则大不相同。基督教指引的政治生活要求个人和集体遵循上帝的安排，这使一切“人的历史”被看作是“背离神道的经验”。只有人类背离了神指引的道路的时候，“人的历史”才会发生。“人的历史”因此根本不应该发生，更不要说去研究去学习。中国几千年来绵延不断的政治思考，打造了一个共同的“历史政治话语空间”，在今天的中国，当我们提起《史记》、历史人物、历史积累的政治经验，我们可以即时进入这个空间，同司马迁、王安石共同讨论政治兴衰蕴含的道理。

这一套以历史政治发展为实证资料的认知视角、思考方式又直接指导实践，所以“知行合一”的意义对中国政治思考者来说，其意义不言自明。在中国的儒家政治传统中，官员大部分是读书人，他们一方面在儒家政治文化的引导下进行治理，同时将自己在政治实践中的思考和分析孜孜不倦地记录下来，为我们现在研究中国治理模式积累了大量价值极高的资料。儒家政治文化在更深的层面上，是一套发展中的政治知识，是政治的践行者对于政治是什么、如何做、效果如何等核心政治学问题思考的结晶。近现代中国治理经历了危机、转换了政体，但是这一脉对政治理念、思维方式、治理方法的思考却绵延发展。就是在这样的知与行之间不断协调统一、在统一中形成经验、在经验中提取理论的政治思考能力，使得中国治理能够在绵延千年的发展中增强生命力、灵活性、适应性。

五、中国经历了40多年改革和发展的历程。在您看来，中国政府在治理方式的改进和治理水平的提高上，有什么突出的表现？中国40多年改革和发展历程对于世界各国的治理而言，有什么样的借鉴意义？

王裕华：中国在改革期间，尤其在改革初期，有很多突出的表现。首先，政治制度激励了官员大力发展经济，使他们能够积极参与改革。其次，依靠外国资本推动改革进程的决定，带来了先进技术。最后，对基础设施（高速铁路、地铁系统和高速公路）的高投入降低了交易成本，增加了就业。

在政治方面，中国避免了塞缪尔·亨廷顿所描述的在快速发展的经济体中潜在的不稳定性。改革期间，维持相对的政治稳定虽然成本很高，但却是中国与撒哈拉以南非洲、东南亚和拉丁美洲等地区发展中国家相区别的一个关键特征。

张善若：由于治理模式与政治文化有着密不可分的关系，我认为将中国治理置于中国政治发展的语境中进行评价最合适，看看它是否实现了中国的目标、办好了中国的事情、解决了中国的问题。中国治理对西方的作用，主要是知识层面上的。西方现有的社会科学被赋予“普世真理”的价值，其实是以欧洲社会工业化为起源，以冷战政治为加速器，以西方经验为主要材料，以西方的政治现实和想象为主要视角，又主要服务于西方政治目的。中国治理的发展，对这一套知识提出了不容忽视的有力挑战，在关于治理的一系列问题上，开辟了不同于西方模式的、存在于西方全球民主化的话语之外的理论空间。

我们也需要认识到，西方对中国的认识、研究，短短两三百年而已，比较成规模的、试图透过表面看本质的努力也仅仅几十年。中国作为“远东”，可以说是欧美世界接触到的最晚的国家之一，而这一段接触期又是中国历史非常特殊的时期，不能充分体现中国治理模式的常规和全貌。中国治理模式发展数千年，绝大部分是在中国政治文化主导、与西方世界隔离的情况下发展的。以西方为主体的现代知识体系，伴随欧美数百年殖民经历而发展，西方在软硬实力上升过程中养成了居高临下的姿态、以己度人的习惯。而这正是中国政治研究所处的真实的知识环境。中国治理模式的活力和成效，迫使西方直视中国，认识并且承认其知识体系对中国政治的不了解。我们希望这样的认识能够促使西方学界更上一层楼，比较全面地认识中国问题、中国情况和中国治理的特点。研究中国政治的学者，如果能够积极认识和克服现有知识体系的局限，就能为世界性的政治学研究做出贡献。

燕继荣：中国在40多年改革和发展的过程中，发生了治理观念变革、治理体系变革、治理政策变迁以及治理行为调试等积极的变化。从中国的实践来看，为了改善治理绩效，中国政府推进了管理导向（如结构性改革、功能性改革、程序性改革、人事改革）、服务导向（如推动公共设施的普及化、构建服务型政府）、自治导向（如推动旨在放松管制、激活社会的改革）、协同导向（如实现多元主体和机制的共管共治）的创新改革，营造政府机制、市场机制、社会机制相结合的"协同治理"格局。

中国在改革与发展的具体实践中，一方面开发既有的正式制度和机制的潜力，让政党、政府等权力机构以及传统的群团组织发挥新的机能；另一方面，激活企业、社会组织、社区的功能，让新型社会主体和要素在社会治理乃至国家治理中发挥应有作用，努力实现"自上而下"和"自下而上"两种力量的对接，创造了"党委领导、政府负责、社会协同、公众参与、法治保障"的中国经验。

中国40多年改革开放的历程和成就说明：治理改革是推动经济发展、社会进步的重要力量，是使国家与社会关系不断优化的必由之路。

◎刘复兴与白杰瑞

中国特色社会主义教育发展道路

刘复兴

中国人民大学杰出学者、特聘教授、博士生导师，教育学院院长、学术委员会主席，中国教育学会教育政策与法律研究分会副会长、中国教育学会理事会理事、中国学位与研究生教育学会学术委员会委员、《中国人民大学复印报刊资料·教育学》执行主编。2006 年被列入国家“新世纪优秀人才”支持计划。《国家中长期教育改革和发展规划纲要（2010—2020 年）》研究、咨询与起草专家。国务院《中国儿童发展纲要（2011—2020 年）》《中国妇女发展纲要（2011—2020 年）》中期评估督导专家。曾任西北师范大学副校长，中国教育政策研究院副院长，北京师范大学教育学院教育学系主任、副院长、中国教师杂志社社长、社科处处长、研究生院副院长兼培养处处长。

白杰瑞（Gerard A. Postiglione）

教授，博士生导师，美国教育研究会院士，香港大学教育学院政策管理与社会科学系主任，华正中国教育研究中心主任。主要研究领域为东亚的教育与社会问题等。在各类学术期刊发表文章 100 余篇，出版著作 16 部，主要包括《亚洲高等教育》《东南亚高校》《中国教育与社会变革》《中国少数民族教育》《东南亚跨境高等教育》等。是 *Chinese Education and Society* 杂志和 4 个国际学术书系的主编，以及 20 多种国际性学术刊物的编委成员。2014 年被香港特别行政区研究资助局授予人文和社会科学权威学者奖，2015 年获北美比较与国际教育学会颁发的终身成就奖。曾作为亚洲开发银行、联合国开发计划署、世界银行、卡耐基基金会、福特基金会、美国国务院、美国教育部、中国教育部的顾问专家，为 10 多个国家的教育改革和发展规划做政策咨询工作。

一、新中国教育的成就

刘复兴：白杰瑞教授好！很高兴再一次与您讨论我们共同关心的学术问题。2019 年 10 月 1 日是中华人民共和国成立 70 周年。70 年来，新中国发生了天翻地覆的变化，从一个贫穷落后的国家成长为世界第二大经济体，在政治、经济、文化、教育等方面都具有了巨大的世界影响力。新中国成立初期，积贫积弱、百废待兴，教育事业发展的水平很低。全国人口 5.4 亿人，文盲率高达 80%，其中 70% 是妇女；小学实际入学率不到 20%；高等教育在校生人数只有 11.7 万人；国家财政性教育经费占 GDP 的比例仅为 1.32%，由于当时的 GDP 总量水平很低，所以国家的财政性教育经费投入少得可怜。

70 年来，中国教育走过了一条艰难曲折而又辉煌的道路，主要经历了 1949 年至 1978 年社会主义建设时期的教育事业恢复与探索和 1978 年改革开放以后中国特色社会主义教育的改革与发展两个重要历史时期。特别是改革开放 40 多年以来，具体说是从 1978 年 12 月 18 日召开的中国共产党十一届三中全会开始，在邓小平理论的指导下，中国共产党和中国政府带领全体中国人民艰苦奋斗，创新发展，走出了一条独特的中国特色社会主义教育发展道路。新中国的教育事业取得了伟大的历史性成就。

白杰瑞教授，您作为一名国际知名的教育学家，作为一名众多国际组织与多个国家政府的政策顾问，作为一名十分了解中国的美籍学者，您对中国教育 70 年来特别是改革开放 40 多年以来的成就，印象最深刻的是哪些方面?

白杰瑞：复兴教授，是这样的！新中国成立 70 年来，中国发展很快！中国教育进步很大！我印象特别深刻的有许多方面。

一是特别关注中国致力于提高入学率和实现教育公平。40 多年来，我亲眼目睹了中国教育体系的发展。作为一些国际开发机构和非政府组织的研究人员，我参与撰写了提交给原国家教委、教育部和发改委的报告。我的政策研究包括基础教育、职业技术教育和高等教育。

二是特别关注中国学生的学业成绩和招生考试改革。我发现，当邓小平 1978 年带领中国进入改革开放的时代时，随着高考的恢复，学术标准被重新引入。邓小平强调科学技术是现代化的关键，教育是发展科学技术的手段。改革开放以来，中国普及了基础教育，向世界展示了学生的优异成绩。中国为更多的学生提供了接受高等教育的机会，并建设了几所世界一流的大学。

三是关注中国如何基于多样化的教育需求，提升教育质量，缩小教育差距，持续推进教育扶贫工作。在中国的市场经济体制改革带来经济繁荣的同时，扶贫工作仍然十分重要。对国家来说，最艰巨的国内挑战是确保教育能够适应庞大人口的多样化需要：农村家庭和城市家庭，城市农民工和城市中产阶级，少数民族群体和贫穷的农村汉族人，女孩和男孩，学习障碍者和那些才华横溢的人才，都有不同的教育需要。

我在中国最贫穷的地区待了很多年，研究基础教育在扶贫中的作用。城乡教育总体上存在显著差异。例如，值得注意的是，在城市地区，女孩的表现优于男孩，在农村地区恰恰相反。城乡差距也反映在教育体制结构上。城市里接受三年学龄前教育的学生，比农村里的多。中国政府在试图通过加大对农村学龄前教育的投资来解决这一问题。学龄前儿童注重基本训练，注重汉字书写、游戏、舞蹈、歌唱，提倡善良、友爱等价值观。将有更多的农村学生有机会接受学前教育。但实际上很多农民工父母没有带孩子一起到城市里，而是把孩子留在了农村的家里，这些就是所谓的“留守儿童”。6 岁时，城市儿童开始6年的小学教育，学校往往就在他们居所的旁边。中国许多地方的孩子待在学校的时间非常长，家庭作业也很多。例如，一个重庆的高中生可能在早上6点30分左右醒来，在上学的路上吃早餐。放学后，她下午4点40分继续上课。她父亲或母亲可能会到学校送晚餐给她。她晚上6点30分又开始上课，晚上放学后她回到家里做日常家庭作业，直到午夜才睡觉。

我注意到农村女孩的教育得到很大改善。令人鼓舞的消息是，2017年女性文盲率已降至7.3%，女童小学净入学率达到99.9%，与男童完全相同。许多农村儿童在村里上两三年的小学，然后到乡镇里的一所六年制的小学上学，完成初等教育是很常见的。那些上初中的人往往会到县城里的学校上学。经过9年的基础教育，大约一半的学生能够上普通高中和中等职业技术学校。

四是特别关注中国高等教育的发展。未来10年中国教育体系的一个重要方面是高等教育。世界上每个国家都已经或将要向高等教育大众化迈进。许多国家的卓越计划都致力于建设高质量的研究型大学。STEM（science，technology，engineering，mathematics）领域在全球高等教育中占有越来越重要的地位。职业技术教育渗透到高等教育的各个层次。与工业界、公共部门和私人部门之间的伙伴关系已成为健全财务规划的必要条件。随着高等教育系统越来越融入社会，机构治理越来越以利益相关者为导向。跨境教育和学术交流已成为素质教育不可或缺的组成部分。接受高等教育必须保证它是基于公平的。越来越多的人期望系统和机构具有较高的内部和外部效率。高质量的大学获得了更多的机构自治权。大数据、算法和人工智能已经走向商业应用，并应用于大学管理中。

刘复兴：白杰瑞教授确实非常了解中国，您是一位真正的“中国通”！正如您所说，新中国成立70年来特别是改革开放40多年来，中国的教育取得了很多很伟大的成就。

例如，1977年恢复高考，展开了教育本质问题大讨论，推动了教育领域思想解放；以1978年12月派出第一批52名公派赴美留学生为标志，开始大规模向欧美等发达国家派遣留学生，揭开了新时期教育对外开放的序幕；颁布中国历史上第一部《义务教育法》；陆续提出优先发展教育、科教兴国、人才强国和创新驱动发展战略，提出以人民为中心发展教育的要求，为教育领域的改革开放提供了战略指引和动力保障；改革和完善社会主义教育制度，推动教育法治化，为教育发展提供制度保障；切实促进教育公平，大力提高教育质量。教育事业各个方面取得了伟大的历史性成就。

第一，基本扫除了青壮年文盲。至2000年，中国的青壮年文盲率降至4.9%，实现了基本扫除青壮年文盲的目标。至2017年，15～50周岁人口非文盲人数，除丧失学习能力的人以外，在农村达到 95% 以上，在城镇达到 98% 以上；复盲率低于 5%。70 年来，中国共扫除文盲 3 亿多人，特别是有 1 亿多妇女摘掉了文盲的帽子。

第二，女童的受教育权得到充分保障。至 2000 年，中国小学阶段女童净入学率达 99.07%，与男童入学率的 99.14% 大体持平。至 2014 年，中国小学阶段女童净入学率达到 99.83%，已经高于男童；初中毛入学率达到 95%，已经与男童无明显差异。

第三，九年义务教育全面普及。至 1978 年，小学教育基本普及，净入学率达到 95.5%。1986 年开始普及九年义务教育，至 2011 年全面普及九年义务教育。2017 年，小学阶段净入学率达 99.91%，初中阶段毛入学率达 103.5%，九年义务教育巩固率达 93.8%，已经超过或相当于高收入国家平均水平。

第四，高中阶段教育健康发展。2017 年，高中阶段毛入学率达到 88.3%，高于中高收入国家平均水平。

第五，高等教育全面实现大众化，正在向普及化快速迈进。1949 年，高等教育在校生人数 11.7 万人，毛入学率 1.56%；到 1978 年高等教育在校生人数增长到 228 万人（比 1949 年增长了近 20 倍），毛入学率达到 2.7%。2017 年全国各类高等教育在学总规模达到 3 779 万人（是 1949 年的近 323 倍，1978 年的近 17 倍），高等教育毛入学率达到 45.7%。

第六，学前教育快速发展。1949 年，全国学前教育在园儿童人数约 13 万人，与庞大的人口基数相比，学前教育基本属于空白状态。1978 年学前教育在园儿童人数达到 788 万人，毛入学率 11.3%。2017 年学前教育在园儿童人数 4 600.14 万人，学前教育毛入园率达到 79.6%，达到中高收入国家平均水平。

第七，教育经费投入大幅增加。

在短短的 70 年里，教育事业取得这样的一个历史性成就，是世界教育史上的一大奇迹。70 年来特别是 40 多年来，教育事业的发展推动了新中国经济社会的快速发展。

白杰瑞：确实如此！

新中国教育事业发展的伟大历史性成就对中国的改革开放和中国的发展意义巨大。70 年来特别是 40 多年来，中国教育成就斐然，把文盲率高达 80% 的人口大国转变为一个人力资源大国，把巨大的人口包袱转变为有力支持改革开放大业的人力资源优势，而且正在面向 2035 教育现代化的目标，推动中国向人力资源强国和创新大国迈进。

二、中国特色社会主义教育蓬勃发展的原因

白杰瑞：复兴教授，新中国成立 70 年来，特别是改革开放 40 多年来，全世界都公认，像中国这种发展速度是世界上

少有的。但是，有一个令很多人感到困惑的问题是，70 年以来新中国在发展中面对很多困难，面对的环境很复杂，为什么还会发展这么快?

对于新中国成立以后，特别是改革开放 40 多年以来，中国面临的困难和复杂环境，我本人曾认真思考过。一般而言，由于中国社会和教育发展速度前所未有，世界其他地区还没有充分把握其复杂性、面临的挑战和机遇。

中国教育面临的复杂问题是如何平衡国内需求和全球参与。中华人民共和国是一个年轻的国家，是一个多民族的国家。其他借鉴西方文明的新兴国家需要远远超过 70 年的时间才能达到中国的发展水平。当然，中国的教育体系面临着复杂的问题。

对于中国而言，国内需求是复杂的，需要保持微妙的平衡。中国的教育体系是由需求不断变化的市场形成的。农村的父母为子女的教育付出了越来越多的代价，期望通过受教育孩子将来能找到一份好工作。同时，用人单位要求毕业生具备支持产业升级的相关知识和技能。越来越有影响力的城市中产阶级要求教育带来文化资本和社会地位，使他们的孩子处于有利地位。农村流动儿童需要进入城市学校。其他“留守儿童”在父母移居城市工作后，需要在村镇接受学校教育。国家要求教育是经济增长的引擎，也是培养领导人、统一各民族、促进思想社会化、维护社会稳定的工具。国家对社会稳定的要求是通过培养能使共产主义信念与市场经济相协调的高素质干部来满足的。

这些对高水平技能、地位文化和社会稳定的重叠需求在不同时代相继出现，影响着教育改革。在不同的情况下，在不同的时代，每个相应的需求都具有优先权。这样一个多需求的市场每年都会根据经济增长的幅度、社会满意度的提高幅度以及城市中产阶级的规模进行重新调整。社会的变化决定了这些要求的优先次序。在经济快速增长的时代，对实用技能的需求是头等大事。其他时候，国家对社会稳定的要求优先。随着中产阶级队伍的不断壮大，对高质量教育的需求也在不断增长。这三个要求的结合，影响了教育结构和内容的改革。

同样重要的是，在中国扩大教育机会必须调和多种极端情况。它不仅要在繁荣的东海岸地区的学校里培养高质量的学生，还要帮助贫困的西部地区繁荣发展。它必须确保社会稳定，但不能扼杀创新和创造力。它必须在坚持社会主义市场经济原则的同时，保护文化遗产的各个方面。它必须向外部世界学习，以促进高水平的科学和技术进步，同时要减轻全球化进程对年轻一代的负面影响。它必须继续致力于发展市场经济，同时为所有人提供公平的教育机会。

尽管中国已经从计划经济转向市场经济，但中央政府仍然制定国家规划，并指导地方政府制定实施战略。对于教育，通常有五年规划，但偶尔也有长期的规划。一个例子是《国家中长期教育改革与发展纲要（2010—2020年）》，其内容与《国家中长期科学和技术发展规划纲要（2006—2020年）》和《国家中长期人才发展规划纲要（2010—2020年）》的相关计划高度一致。这样的计划提供了一个有效推动教育改革发展的宏观框架。

虽然地方政府一般会采取这样的长期举措，但也有足够的灵活性来执行严格的自上而下的政策。地方政府有时会找到创新的方法来试验和影响中央政策。如果试验成功，它将扩展到其他地区。

中国必须平衡国内需求和全球参与，这意味着要处理三个挑战。（1）随着中国在全球经济和国际社会中发挥更大的作用，教育体系必须更加国际化和全球化。（2）同时，中国领导人希望确保国家的教育主权不受全球化的影响。（3）学校尤其是大学需要更少的官僚管理和更多的自主权。同时处理这三个挑战需要一个很好的平衡。

70年来，中国取得巨大成就的原因很多，包括那些发现中国本土与现代世界具有共同性的有影响力的中国知识分子，不断提高的善于学习并将外国思想融入中国背景的技能，致力于促进发展和把扶贫置于优先地位的领导层，公民的全面识字和经济福祉，不断变化的全球秩序，与国际社会的经济融合，使中国与世界各地快速联系交流和合作变得更加容易的技术进步。

过去100年中，中国发展的一个转折点是五四运动，它是一场既有政治意义又有文化意义的反帝爱国运动。第一次世界大战结束后，国际社会的主要大国签署了《凡尔赛和约》，使中国成为其他国家扩张主义势力的牺牲品。五四运动掀起了爱国主义浪潮，把科学民主作为中国发展的道路。在经历了数个世纪的王朝式发展模式之后，中国必须找到一种新的方式来解放自己。这也是新领导人出现的机会，像李大钊和陈独秀等，他们最终创建了共产党。在西方价值观突如其来的影响下，许多人帮助中国思考如何保持中国价值观，包括梁漱溟、章炳麟等。

在过去的70年中，教育发挥了核心作用。对于一个历史如此悠久、复杂的大国来说，建设一个新的国家和新的教育体系将面临许多困难。中华文化最有用的一个特征是耐心，相信一个伟大的国家如果建立一个根植于本土的有坚实思想基础的教育体系，就可以重新获得领导地位。中国书院历史悠久，曾有许多领先的教育理念。

中国书院与孔子、孟子、孙子、墨子等古典思想家以及朱熹、王阳明等学者的研究有着密切的联系。中国的现代教育思想家们强调了读写能力的重要性，并找到了将本土教育理念融入现代话语的新途径。这些思想家包括蔡元培、胡适、梁漱溟、晏阳初、梅贻琦、张伯苓、严复、陶行知、潘光旦等。

还有一批教育家，他们思考和探索中国教育如何能与一个不断变化的世界互动。像北京大学校长蔡元培这样的教育家，了解德国、法国和英国高等教育的传统，并考虑如何将这些传统与儒家精神和其他历史传统结合起来，建立一所现代大学。

改革开放 40 多年来，中国教育取得巨大成就。40 多年前我来到中国时，中国 85% 的人生活在极度贫困之中。2019 年，这一比例还不到 1%。改革开放推动中国成为具有世界影响力的国家。九年义务教育普及政策和《义务教育法》颁布后，我到贫困地区、农村、少数民族地区、边疆地区考察学校和家庭情况。我参加了联合国开发计划署、国际开发研究中心和亚洲开发银行的政策研究。到上世纪末，中国大部分地区实施了九年的基础教育。大多数城市人口的子女都是高中生。1981 年，只有很少的学生被大学录取，到 1999 年，高等教育机会开始迅速扩大。

中国有着特殊的责任，因为它拥有世界上最大的高等教育体系，拥有最多的大学生，和世界上第三大的外国留学生。1998 年 5 月，当江泽民主席宣布中国将建设世界一流的大学时，我出席了在人民大会堂召开的大会。政府慷慨支持“211”“985”两个世界级项目，提高中国一流大学的国际地位和全球排名。

中国是一个建立了新型高等教育体系的国家。70 年来，中国从贫穷发展成为世界第二大经济体，教育体系也从不健全发展成为发展中国家的典范。这些成就取决于自上而下的管理、自下而上的试验、适应地区具体情况的政策。

有了这样的成就，中国就不再是一个穷国了。在教育领域，这意味着要确保公平、质量、多样性和社会公正。现在正是中国筹划继续优化其高等教育体系的好时机。高等教育体系仍面临许多挑战，特别是如何培养学生们的创新思维。

政府的财政支持促进了高等教育的大发展。40 多年来，特别是 1999 年至 2019 年的 20 年间，高等教育体系的成功在很大程度上取决于提供慷慨财政支持的政府举措。这发生在经济快速增长时期，对高等教育的经济投入迅速增长。教育水平的不断提高，需要新的教育治理形式。一流大学需要更多的自主权，才能使中国成为一个创新型国家。这一改革可以与“一带一路”倡议、粤港澳大湾区规划相一致。

中小学校、学院和大学不断重组，构建和完善教育体系，促进教育体制改革。中国教育体系的构建和运行，以实现民族复兴为大任，特别是在世界秩序不断变化的情况下，意味着中小学校、学院和大学的不断重组。

改革开放以来，中国教育改革的步伐从未停止。每一项改革都涉及整个教育体系，对体系有重要的影响。例如，《国家中长期教育改革和发展规划纲要（2010—2020 年）》，旨在对职业技术教育进行实质性改革。“十三五”规划还强调了职业技术教育对经济结构调整和升级的重要性。政府对职业技术教育特别是高等职业技术教育给予了极大的重视和支持。此外，全国高校考试也在进行改革，以引导部分大学向“应用型大学”转型。

教育是中国社会的一个重大问题。中国政府精心规划了教育改革，展示了教育如何提高所有人的生活质量。与其他发展中国家相比，中国在建立和完善由学前教育、义务教育、高中阶段教育、职业教育、高等教育、继续教育等构成的教育体系方面取得了重大进展。根据《国家中长期教育改革和发展规划纲要（2010—2020年）》，到2020年，主要劳动年龄人口平均受教育年限将达到11.2年（2009年为9.5年）。

中国是一个大国，在一个相互联系、相互依存、科技发展日新月异的世界中，中国的经济竞争力依赖于创新。教育已经成为国家规划的一个重要组成部分，通过提供人力资本使中国具有全球竞争力，从而推动中国从中等收入国家向高收入国家的转型。

刘复兴：白杰瑞教授具有非常敏锐的学术眼光和宽广的学术视野！对于新中国教育发展面临的困难、所处的复杂环境和取得成就的原因分析得很到位、很准确。新中国成立之初，文盲率高，生产力发展水平很低，外部环境复杂。在短短的70年里国家经历了复杂的社会变革，对教育提出更高的要求，对人才培养提出更新、更高的标准，聚焦创新型人才的培养成为大势所趋。

我是1966年出生的，今年53岁，经历了新中国发展最困难的一段时光和改革开放40多年的全部阶段，应该说，我是一个中国改革开放的亲历者，是一个在改革开放中成长起来的中国教育学者。对于中国教育在特别复杂、困难的条件下能够取得如此辉煌成就的原因，我认为主要有以下这些方面。

一是有一个真正为人民谋利益的执政党。全心全意为人民服务始终是中国共产党的宗旨。习近平总书记提出了“办好人民满意的教育”的要求。

二是有一个以公有制为主体、多种所有制经济共同发展的基本经济制度。这一基本经济制度是中国特色社会主义制度的重要支柱，也是社会主义市场经济体制的根基，使政府更容易调动社会资源，重视公共利益，最大限度地顾及社会的公平问题。

同时具备以上两个方面是世界上其他大国少有的条件，一个涉及政治体制，一个涉及生产关系，这两个方面的有效结合，可以使中国的社会资源最大限度地、最快速地用于解决涉及人民群众最关心的民生问题。

三是有一套高度集中、运行高效的行政管理体系。这可以使政府做很多其他国家政府很难做到或者根本做不到的事情，可以集中力量办大事，做连续性很强的中长期教育发展规划，具有很强的执行力和很高的办事效率，社会动员能力很强大。

四是人民群众高度认可、拥护中国共产党和中国政府的教育政策。教育政策充分体现追求教育公平、提高教育质量的基本价值，得到全社会的支持。

五是立足从国情出发办教育。始终从“中国是穷国办大教育”的国情出发，始终从中国是社会主义国家要办社会主义教育出发，始终从中国现代化建设的需要出发办教育。

六是紧紧依靠社会、人民、教师办教育。在中国共产党和中国政府重视教育的前提下，善于充分调动全社会的力量发展教育事业，依靠全体人民的吃苦耐劳，依靠民办教育的发展，依靠全体教师的奉献。

七是始终坚持教育改革创新与对外开放。不断提出新的更高的教育发展目标和教育改进政策，大规模派出留学生，始终坚持学习世界各国、各民族优秀的教育经验。

八是有中国传统文化的积极影响。中国历史上有民间兴办学校的传统，有尊师重教的厚重文化。

九是教育法治的保障。始终强调“依法治教”，建立了比较完善的教育法治体系。

三、中国特色社会主义教育的发展前景

刘复兴：党的十八大以来，中国人民书写了中国特色社会主义教育事业新篇章。习近平总书记十分重视教育。在党的

十九大报告中习近平总书记指出："建设教育强国是中华民族伟大复兴的基础工程"，要"优先发展教育事业"。

请问白杰瑞教授，您怎么看待中国教育未来的发展方向、面临的挑战与改革的目的？

白杰瑞：作为现代全球社会的一部分，中国的教育发展面临着与其他国家相似的挑战，但也面临着一些独特的复杂问题。

第一个问题是提高劳动力的技能。2006年，我协调组织一次关于中国年轻企业家的讨论，其中一位企业家提出，大学毕业生应具备公司所需要的技能。他的公司阿里巴巴已成为世界领先企业。他认为高等教育必须继续培养具备各种技能的学生，这些学生要具备成为富有创造力的思想家和创新型企业家的潜质。

第二个问题是如何让教育在经济结构调整中发挥关键作用。教育体系的考验在于，如何有助于将经济从劳动密集型、出口导向型转变为更依赖国内消费的高科技制造业和服务业经济。世界一流的大学对于转型至关重要。但是，它还需要一个由中小学校、学院和大学组成的多元化系统，既有学术性的，也有专业性的，既有公立的，也有私立的，可以与工业合作，并在地方和国家发展中扎根。高质量的职业技术学院和理工大学对于发展至关重要，以满足经济转型对知识和技能的需求。结构再平衡意味着将国家从制造业转移到服务业，从出口转移到家庭消费，以及从国家控制转移到以市场为基础的资源配置。中国教育体系的成功，使中国有可能避免“中等收入陷阱”。中国大学的成功需要高度依赖创新来解决其发展问题，包括城市化、医疗保健、气候变化和收入不平等。

第三个问题涉及教育在社会稳定和民族团结中的作用。利用儒家教育传播价值观是中国的历史传统。如今，中国在开展社会主义核心价值观教育时吸收了传统中的有益做法。作为一个社会机构，学校维护、增强了连续性。一千多年来，儒家正统思想是决定人的功德和官场之路的考试制度（科举）的基础。这种考试制度确实使男人之间的机会均等成为可能，尽管这种制度仍然有利于那些拥有财富和权力的家庭。虽然它造就了不少人才，但无助于改变文盲众多的现实。新中国成立后扫盲和发展基础教育的政策与社会主义价值观相一致。

第四个问题是保证教育公平。改革开放以来，尽管教育机会不断扩大，但一些社会群体比其他群体受益更多。国家继续普及全民基础教育和扫盲，在蓬勃发展的劳动力市场上扩大中等职业技术教育和高等职业技术教育，增加高校招生，加强知识经济建设。分工越来越细的教育体系必须满足社会对更高教育质量的需求。女性和少数民族群众必须获得更多的教育机会。然而，要建立一支高素质、技术娴熟的女性和少数民族劳动力队伍，他们毕业后的就业机会还需要进一步扩大。

第五个问题是如何推进教育扶贫工作。随着教育成本的上升，许多贫困家庭发现越来越难以支付教育成本。中央和地方各级政府为学校提供资金，并采取措施防止学校收取过高的费用。教育财政改革为越来越多的学生免费提供教科书，并为农村贫困地区的学校注入了资金。农村不再缺乏教育的基本条件。这样，全国的学校设施都得到了改善。

教师水平和工资正在提高，但许多农村学校很难留住优秀的教师。一些偏远地区有合格的教师、新学校、充足的设施甚至图书馆，而另一些地区则面临短缺。实现更平衡的发展仍然是一个优先事项，辍学现象在农村很严重。北京、上海等城市以及浙江、江苏等东部沿海省份的辍学率较低。城市独生子女家庭更倾向于让女孩像男孩一样接受良好的教育。中国东部省份入学率实现了 100%，但西北部和西南部实现这一目标仍需要较长时间。然而，统计数据显示，入学率和出勤率这些年来稳步提高。中国政府拨出巨额经费用于农村教育，以减少城乡之间的教育不平等。《国务院关于进一步加强农村教育工作的决定》提出，要在西部地区 372 个县实现“两基”（基本普及九年义务教育和基本扫除青壮年文盲）目标，提高教育质量。

未来中国的教育成就将取决于继续改革和开放。提高基础教育阶段学生的思维能力，说服家庭认识到职业技术学校日益重要的地位，提高大学教育的质量，提供终身教育。

未来中国教育需要国际化，需要更加具有包容性、创新性和有效性，以造就更多复合型人才。只有如此，中国的高等教育体系才能成为全球的领导者。

中国教育的未来取决于教育系统应对技术的快速发展和全球性互联的能力。它还取决于所有教育机构继续以使命为中心、保持对市场的敏锐度和利润意识。以使命为中心要求有关方面说明该机构为其服务的共同体创造了什么价值。保持对市场的敏锐度是指通过增加价值而不是由市场决定其价值，来设计与市场合作的方法。注重利润意味着要确保财务决策建立在一个能实现机构价值的复杂的程序基础之上，而不是取决于过于简单化、政治化或特殊化的因素。

中国的未来很大程度上取决于它如何发展一种独特的、可供其他国家借鉴的教育模式——一个能为公路、铁路、港口、电力建设，以及健康、人力资源、道德、平等、安全和社会公正提供支持的模式。

作为外国学者，我认为中国的教育体系将继续应对许多挑战。它必须应对日益增加的多样性，为每一个学生提供教育，使他们有机会和途径获得知识和技能，找到工作，创造财富，从而团结一个多民族的国家。它必须既提高教育质量，又减少地区和群体之间的不平衡。这将因人口分布的变化而变得复杂。

人口老龄化是中国教育体系必须应对的一个挑战。随着中国进入老龄化社会，越来越少的年轻人进入劳动力市场，教育系统不得不超速运转。受教育的学生人数必须增加，但如果年轻人不能适应科技日益发达的世界，中国经济发展的速度势必受影响。高等教育的迅速发展，只有与社会经济的变化相适应，才能使中国社会更加繁荣稳定。

发展具有全球竞争力的经济需要大众高等教育。1965 年，美国的情况就是这样，当时的高等教育学校扩招到 600 万学生，1985 年扩招到 1 200 万，2015 年扩招到 2 000 万。美国大学毕业生占全国人口的比例从 1965 年的 10% 上升到 2017 年的 34%，这对美国的经济繁荣至关重要。2002 年，中国高等教育毛入学率达到 15%，正式进入大众化阶段。目前，中国的高等教育正向普及化阶段快速迈进。外国学者最感兴趣的是中国民办高等教育的兴起。据统计，民办高等教育市场规模在 2012 年是 696 亿元，预计 2021 年民办高等教育收入将达到 1 390 亿元。学生入学人数将大幅增加。

在全球化的世界经济中，各国建立和发展教育体系的目的、手段和方法各不相同。教育发展政策根据国家优先事项和经济需要来制定。国际比较有助于我们清晰地认识各国教育体系之间存在的差异。

各国根据具体情况和限制采取不同的办法，但历史上从来没有教育体系像现在这样全球同构。随着经济全球化，教育机构必须培养具有特定技能的学生，这些技能有助于重组经济，以提高竞争力。但是，历史模式和文化传统也很重要，并导致路径依赖。

20世纪下半叶，许多发展中国家开始引进发达国家的教育政策。并非所有的政策引进都成功，政策引进存在风险。不过，杜克大学的一项比较分析研究显示，将学生贷款计划从美国引进到中国，从一开始就是政策失败，但在地方政策试验的各种努力下，最终成功地将这场危机转变为一个机遇。要从政策引进中获得最好的效果，需要了解来源国的经验。

政策引进可以有五种形式：复制、仿真、混合、综合和激励。一般来说，制定政策过程中需要根据不同情况进行调整，或在不同地方结合几种政策做法。成功的政策引进类似于成功的技术转让：（1）确定具体的挑战或困难；（2）研究成功的国际案例；（3）考虑如何适应政策或技术的特点；（4）通过系统实施战略进行试验；（5）评估该政策或技术是否有用和适当；（6）重新适应 / 重新设计政策或技术的特定方面；（7）第二轮实施战略试验；（8）确认新政策或技术；（9）进一步适应当地条件。

政策引进并不总是能立即取得成功，但引进者需要有意愿去尝试并接受一定程度的风险。政策引进需要得到充分、完整和适当的信息，了解政策在来源国的成功与失败。中国在政策引进方面有着丰富的经验。在20世纪50年代，中国引进了苏联计划经济模式，确保了由政府各个部门分管的各行各业与学校、技术单位之间的协调性。从1978年开始中国的普通高等教育以前所未有的速度发展。在经济改革和对外开放的整个时期，中国学习了包括加拿大和美国在内的许多国家的职业技术教育实践。

当前的经济结构调整要求人们具备更为多样化和专业化的技能，以从事高附加值的生产。市场力量创造了行业对知识和技能的新需求，以及家庭对工作和更高收入的新需求。中国的教育体系需要培养技能，使其从劳动密集型、低投资、出口导向型经济向更加依赖国内消费的高科技制造业和服务业经济转变。挑战在于制定政策，优化教育体系。在国家一级，政府吸取了经验教训，颁布了政策，以使中小学校、学院和大学提供不同类型的教育。

刘复兴：在 2018 年 9 月 10 日召开的全国教育大会上，习近平总书记强调“教育是国之大计、党之大计”，把教育的地位和作用提高到前所未有的高度。在习近平新时代中国特色社会主义思想指导下，中国共产党开启了以人民为中心发展教育、实现教育现代化、建设教育强国、实现中华民族伟大复兴中国梦的新征程。

习近平总书记在全国教育大会上提出了“九个坚持”的重要论述，强调要坚持党对教育事业的全面领导，坚持把立德树人作为根本任务，坚持优先发展教育事业，坚持社会主义办学方向，坚持扎根中国大地办教育，坚持以人民为中心发展教育，坚持深化教育改革创新，坚持把服务中华民族伟大复兴作为教育的重要使命，坚持把教师队伍建设作为基础工作，是新时代中国特色社会主义教育改革发展的根本遵循和战略指引。中国教育肩负着为实现“两个一百年”奋斗目标提供强有力人才支撑的重要使命。

白杰瑞：复兴教授，您一开始就曾经提到“70 年来，中国教育走过了一条艰难曲折而又辉煌的道路，主要经历了 1949 年至 1978 年的社会主义建设时期的教育事业恢复与探索和 1978 年改革开放以后中国特色社会主义教育的改革与发展两个重要历史时期”。对于这两个发展阶段及其关系，据我了解，世界上各个国家的人，包括中国国内的许多人，还是存在一些困惑和模糊的看法，您怎么看待这个问题？

刘复兴：您提出了一个很重要的问题！如何看待和认识自己的历史、现在与未来是世界各国在发展中必须面对的问题。

中国教育 70 年经历了前 30 年恢复与探索期和后 40 年改革与发展期。这是两个既相互联系又有重大区别的时期。中国特色社会主义教育发展道路是在改革开放的新时期开辟的，是在新中国已经建立起社会主义基本制度并进行了 30 年建设的基础上开创的。没有前 30 年的实践探索就不可能有后 40 年的伟大成就。未来中国的任何发展都是建立在新中国 70 年发展基础之上的。改革开放 40 多年来开辟的中国特色社会主义教育发展道路是中国人民必须始终坚持的道路！

在习近平新时代中国特色社会主义思想指导下，中国教育会科学处理前 30 年与后 40 年的辩证关系，坚定不移地坚持中国特色社会主义教育发展道路，全面服务于“两个一百年”奋斗目标，培养德智体美劳全面发展的社会主义建设者和接班人，培养担当民族复兴大任的时代新人。中国力争在 2035 年总体实现教育现代化，迈入教育强国行列，为推动我国成为学习大国、人力资源强国和人才强国，为到本世纪中叶建成富强民主文明和谐美丽的社会主义现代化强国奠定基础。您是否认同我的观点？

白杰瑞：复兴教授，我非常赞同您的看法！期待未来中国教育取得更大的成就！期待中国教育为世界教育的发展提供更多的中国经验和中国方案！祝福中国教育！祝福中国人民！

图书在版编目（CIP）数据

对话中国 /《对话中国》编写组著 . —北京：中国人民大学出版社，2019.10
中宣部 2019 年重点主题出版物
ISBN 978-7-300-27504-8

Ⅰ. ①对… Ⅱ. ①对… Ⅲ. ①时事评论 – 中国 Ⅳ. ① D609.9

中国版本图书馆 CIP 数据核字（2019）第 216466 号

中宣部 2019 年重点主题出版物
对话中国
《对话中国》编写组　著
Duihua Zhongguo

出版发行	中国人民大学出版社		
社　　址	北京中关村大街 31 号	**邮政编码**	100080
电　　话	010–62511242（总编室）		010–62511770（质管部）
	010–82501766（邮购部）		010–62514148（门市部）
	010–62515195（发行公司）		010–62515275（盗版举报）
网　　址	http://www.crup.com.cn		
经　　销	新华书店		
印　　刷	涿州市星河印刷有限公司		
规　　格	148mm × 210mm　32 开本	**版　　次**	2019 年 10 月第 1 版
印　　张	5.875 插页 3	**印　　次**	2019 年 10 月第 1 次印刷
字　　数	101 000	**定　　价**	38.00 元